ÊTRE ASSISTANTE MATERNELLE

Chez le même éditeur

Puériculture pratique, par C. Jardy- Masson. 1999, 2e édition, 240 pages.

• Dans la collection « Guides »

Concours d'entrée AS/AP. Épreuves écrites, par J. Gassier. 2008, 400 pages.

Concours d'entrée AS/AP. Épreuve orale, par J. Gassier. 2008, 320 pages.

• Dans la collection « Prépa Santé »

Annales corrigées Concours d'entrée Aides-soignants, par J. Gassier. 2006, 128 pages.

Annales corrigées Concours d'entrée Auxiliaires de puériculture, par le CEEPAME. 2008, 192 pages.

Entraînement Concours AS/AP Épreuve écrite. Culture générale, par J. Gassier et M.-H. Bru. 2007, 128 pages.

Entraînement Concours AS/AP Épreuves écrites. Biologie, mathématiques, tests d'aptitude, par J. Gassier. 2007, 296 pages.

Entraînement Concours AS/AP Épreuve orale. Thèmes sanitaires et sociaux, par J. Gassier. 2007, 208 pages.

Entraînement Flash Épreuve orale Concours AS/AP, par G. Benoist. 2007, 96 pages.

Entraînement Flash Mathématiques, par P. Labis. 2007, 96 pages.

Entraînement Flash Tests d'aptitude concours d'entrée auxiliaire de puériculture, par G. Benoist. 2007, 96 pages.

• Dans la collection « Mémo-fiches »

Mémo-fiches Concours AS/AP Épreuves écrites, par J. Gassier. 2008, 320 pages.

Mémo-fiches Concours AS/AP, par J. Gassier. 2008, 256 pages.

ÊTRE ASSISTANTE MATERNELLE

INFORMATIONS PROFESSIONNELLES ET VIE PRATIQUE

Claire JARDY-MASSON

Nouvelle édition conforme
au décret du 20 avril 2006

ELSEVIER
MASSON

ISBN : 978-2-294-02086-5

Table des matières

L'ASSISTANTE MATERNELLE FACE À L'ENFANT CONFIÉ

ANNEXE

Introduction

Vous avez choisi de devenir assistante maternelle et d'accueillir, à votre domicile, de jeunes enfants confiés par leurs parents pendant leur temps de travail. Pour vous aider à mieux cerner la complexité de cette profession, ce livre vous propose une étude des trois facettes de votre activité :

- Vous en tant que professionnelle de la petite enfance :
  - Positionnement professionnel et fonction d'accueil.
  - Cadre législatif, droits et devoirs, responsabilité et déontologie.
- Vous et les relations aux parents :
  - Gestion des contrats, communication.
  - Participation au projet éducatif parental.
  - Mise en place d'une relation de confiance.
- Vous et l'enfant accueilli :
  - Depuis la préparation de l'accueil jusqu'au suivi quotidien : hygiène, soins, éveil, éducation.

L'assistante maternelle face à son métier

L'assistante maternelle face à son métier

Spécificité du métier

Historique

De tout temps, des femmes ont accepté d'élever des enfants qui n'étaient pas les leurs. Autrefois appelées « nourrices » parce qu'elles allaitaient ces enfants, puis « gardiennes » dans le contexte d'un mode de garde, elles sont devenues par la loi de 1977 des assistantes maternelles.

Cette profession est ouverte aux hommes ; on rencontre à l'heure actuelle des assistants maternels. Mais le pourcentage féminin reste très élevé, d'où le choix d'utiliser le terme « assistante maternelle » pour référence dans cet ouvrage.

Être assistante ne signifie pas que l'on doive assister la maman. Ce terme doit être pris dans son sens le plus large, comme il est utilisé dans le milieu médical ou universitaire, c'est-à-dire celui ou celle qui met en place les bases d'un travail d'équipe. L'adjectif maternelle ne signifie pas non plus que seule la mère est concernée. Il doit être considéré comme personnage parental, le père ne devant pas être négligé.

Pourquoi et comment devient-on assistante maternelle ?

Le plus souvent l'assistante maternelle, comme son homologue masculin, est une personne qui a eu le désir de concilier activité salariée et disponibilité pour sa famille.

Pour cela, elle accueille à son domicile de jeunes enfants confiés par leurs parents pendant leur temps de travail, contre rémunération.

Forte de votre expérience de mère, vous pensez pouvoir assurer sans difficulté les soins aux enfants. Attention de ne pas confondre maternité et maternage, car il serait illusoire de croire que l'on s'occupe d'un enfant confié en faisant appel à ses sentiments maternels. Un trop fort investissement affectif risque de faire apparaître des rivalités et des difficultés relationnelles avec les parents. Une formation spécifique (voir point suivant) vous permettra d'apprendre à donner à l'enfant toute l'affection nécessaire à son bon développement, tout en restant à bonne distance.

Pour devenir assistante maternelle, il faut obtenir un agrément délivré par le conseil général du département de résidence, après enquête et étude d'un dossier constitué par les services de Protection maternelle et infantile ou PMI (voir agrément).

Il n'est pas demandé de diplôme particulier. C'est l'assistante maternelle elle-même qui, par sa demande, s'estime apte à exercer cette profession.

Cadre de travail

L'assistante maternelle peut exercer son activité dans deux cadres distincts :

- Être indépendante, c'est-à-dire rechercher elle-même les enfants à accueillir et négocier les contrats avec les parents. Vous travaillez sans encadrement réel, vous pouvez vous faire aider pour tout ce qui concerne l'enfant par le service de PMI, en sollicitant la puéricultrice de secteur. Pour les difficultés rencontrées avec les parents, il est possible de s'adresser au service d'un relais (bien qu'ils soient encore peu nombreux ou inégalement répartis géographiquement).

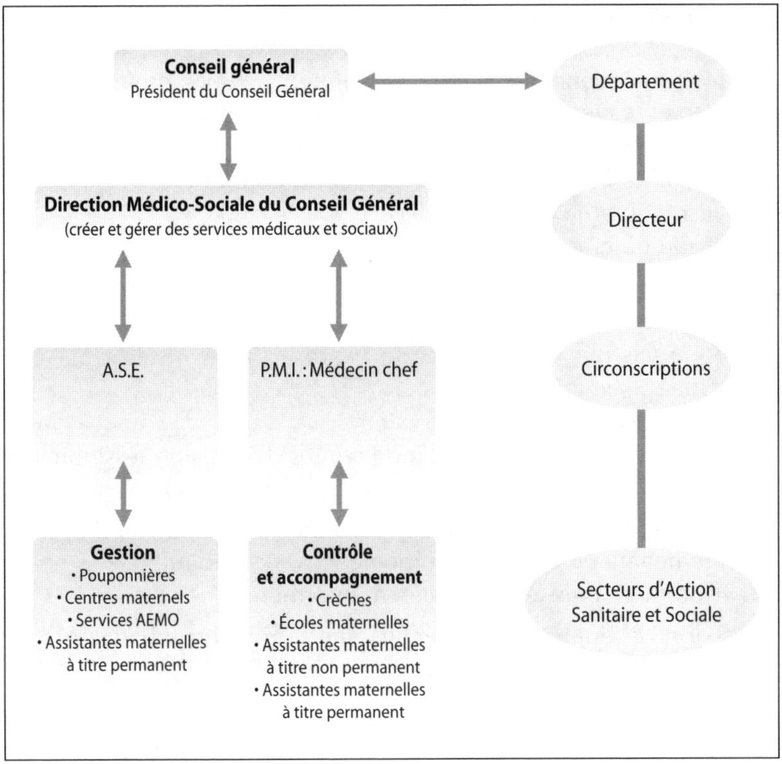

- Être recrutée par un organisme appelé crèche familiale géré par une collectivité publique ou privée, devenant ainsi employée de cette collectivité (il n'y a plus de relation directe à l'argent avec les parents). Vous vous engagez à respecter le règlement intérieur et le projet éducatif de l'établissement et à accepter l'encadrement d'une équipe professionnelle pluridisciplinaire.

  Les professionnels de la PMI

  – Assistantes maternelles, sages-femmes, puéricultrices, auxiliaires.

  – Psychologues, médecins pédiatres, pédopsychiatres.

  – EJE, ES, assistantes sociales, conseillères en économie sociale et familiale.

  – Orthophonistes, psychomotriciens.

  – Animateurs : BAFA

Être professionnelle

- Être professionnelle, c'est s'identifier à une profession, en accepter les règles et réfléchir aux points suivants :
  – Quel sera mon cadre de travail ?
  – Jusqu'où puis-je aller avec les enfants confiés ?
  – Jusqu'où ai-je le droit d'aller ?
  – Jusqu'où ai-je envie d'aller ?
- C'est donc réfléchir à ses motivations réelles.
  – Quelles sont mes compétences ?
  – Que sais-je ?
  – Que sais-je faire ?
  – Qu'est-ce que je ne sais pas faire ?
  – Comment rechercher de l'aide auprès d'autres professionnelles de la petite enfance ?
- C'est donc revoir ses pratiques, accepter d'en changer, d'évoluer en remettant en cause ses compétences, ses habitudes.
  – Comment puis-je me former, m'informer ?
- La loi de juin 2005 a prévu une formation obligatoire de 120 minutes (voir ce point précis).

C'est aussi rechercher personnellement à approfondir ses connaissances par la lecture de livres, de revues spécialisées ainsi que par la formation continue en cours d'emploi.

Savoir

Au savoir et au savoir-faire s'ajoute le savoir être. Être professionnelle de la petite enfance, c'est avoir choisi un travail de relations humaines, une relation « avec l'autre » particulière puisqu'il s'agit de très jeunes enfants. C'est aussi une relation basée sur la confiance avec les parents de celui-ci.

Un petit enfant n'arrive jamais chez l'assistante maternelle au stade zéro de son évolution. Il a acquis, au cours des semaines ou des mois précédents son accueil, un certain nombre d'habitudes données par ses parents. Ceux-ci ont bâti pour lui un projet éducatif auquel devra adhérer l'assistante maternelle, même s'il ne correspond pas à ses propres critères d'éducation. L'enfant est avant tout celui de ses parents. Cela demande une ouverture d'esprit et une grande tolérance appuyées sur le respect dû aux personnes.

LA FONCTION D'ACCUEIL

L'ACCUEIL

On parle souvent de modes de garde proposés aux parents devant confier leurs enfants. Pourquoi introduire la notion d'accueil ?

Définition

Garder, c'est surveiller pour défendre, protéger, empêcher de s'échapper. C'est aussi conserver, retenir pour soi, près de soi. On offre à l'enfant un cadre de protection et de sécurité bien légitime, mais dans lequel on pourrait avoir tendance à le surprotéger et à freiner sa quête d'autonomie.

Accueillir, c'est recevoir quelqu'un, lui ouvrir les bras, se rendre disponible pour lui. On permet ainsi à l'enfant de s'épanouir, de progresser dans une relation d'affection, et avec ses parents de construire une relation de confiance.

L'organisation de l'espace

L'organisation de l'espace réservé à l'enfant accueilli est très importante et, j'ose le dire, révélatrice de l'intérêt porté par l'assistante maternelle à cet enfant. À vous de penser au lieu où l'on joue, au lieu où l'on mange et au lieu où l'on dort, en les adaptant à l'âge et au développement de l'enfant.

Aménager l'espace, c'est aider l'enfant à découvrir une forme de continuité entre l'espace-maison et l'espace-accueil, deux espaces différents mais complémentaires et donc sécurisants pour lui.

L'accueil des parents

Il doit être préparé. Si les parents sont responsables de leur enfant tout au long de son développement, et ce jusqu'à ce qu'il accède à la maturité et à l'indépendance adulte, l'assistante maternelle n'a pas cette dimension temporelle puisqu'elle n'intervient que pendant la courte période de la petite enfance.

C'est un peu comme si la professionnelle prenait le train de l'histoire en marche et avait à faire avec cet enfant et ses parents un petit bout de chemin sur le parcours du développement (Extrait de Accueillir le jeune enfant : quelle professionnalisation ? (collectif), éd. Érès, coll. « Éducation et Fors », s. l., 1995).

Se séparer de son enfant est une épreuve douloureuse pour les parents. La maman doit pouvoir confier son enfant sans se sentir dépossédée. Il n'y a pas de rivalité entre l'assistante maternelle et les parents, mais complémentarité. Pour établir une relation de confiance, l'assistante maternelle devra prendre en compte de nombreux points :

- respecter l'histoire familiale, les particularités culturelles et cultuelles, le choix éducatif des parents ;
- savoir garder sa place en évitant la rivalité affective et la familiarité ; en ajustant le « suffisamment proche » pour être en empathie avec l'autre et le « suffisamment loin » pour rester professionnelle ;
- savoir se mettre en retrait et ne pas s'approprier les progrès de l'enfant.

L'accueil de l'enfant

Il devra tenir compte des habitudes de vie qui lui ont été données par ses parents (rythmes journaliers dans les différents soins, techniques utilisées, réactions des parents face aux demandes de leur enfant, etc.) ce qui demandera patience et disponibilité de votre part.

Vie professionnelle et vie privée

Accueillir l'enfant et sa famille dans son domicile privé peut poser de nombreux problèmes :

- L'organisation de la maison risque d'être chamboulée par l'arrivée d'un ou plusieurs jeunes enfants pour lesquels il va falloir faire une place personnalisée, afin qu'ils puissent établir des repaires. Les chambres des enfants de l'assistante maternelle sont quelquefois utilisées pendant leurs temps de vie scolaire, ce qui n'est pas évident pour ceux-ci, qui peuvent se sentir envahis, voire dépossédés. La présence des parents, matin et soir, va modifier la notion d'intimité et d'espace privé. Vous choisirez dans quelles pièces ils auront accès et où vous pourrez les recevoir.

- Il en est de même pour mettre en place des horaires d'arrivée et de départ de l'enfant accueilli (ceci étant discuté lors des contrats de travail et d'accueil), et de les faire respecter. Les parents ne respectant pas les horaires prévus ou l'envahissement (parents ne se décidant pas à partir le soir) constituent un empiètement sur la vie privée de l'assistante maternelle. Ces situations doivent être rapidement rediscutées avec les parents et des limites posées, acceptables pour tous.
- Travailler en présence de sa famille n'est pas une situation facile car celle-ci devient témoin de ses relations professionnelles avec l'enfant accueilli et ses parents.
- En choisissant cette profession, l'assistante maternelle a pensé être plus disponible pour les siens qu'une mère travaillant à l'extérieur. Très sollicitée par les enfants accueillis et en raison de sa conscience professionnelle, elle se sent très mobilisée par ceux-ci et réalise qu'elle n'est pas aussi libre pour ses propres enfants qu'elle l'aurait souhaité. Ceux- ci peuvent se sentir délaissés, des problèmes de jalousie peuvent apparaître. Elle constate qu'il est difficile de faire un travail ayant pour objectif de satisfaire un besoin opposé à sa recherche personnelle.

Les textes législatifs

La loi de juin 2005

La loi du 16 juin 2005 a remodelé l'ancien statut des assistantes maternelles (1992). Ce remodelage a pour but d'améliorer la qualité et la sécurité de l'accueil, pour répondre aux attentes des parents. Il garantit plus de professionnalisme avec une formation plus longue et plus étoffée. Il renforce le statut de la profession avec des mesures visant à la rendre plus attractive et plus sécurisante. De nombreux points seront étudiés et détaillés dans ce chapitre. Mais il relève de la conscience professionnelle de l'assistante maternelle de se procurer le texte législatif dans sa globalité. Il est possible de l'obtenir :

- Auprès du Journal officiel
  26, rue Desaix
  75015 Paris
- Sur les sites Internet www.legifrance.gouv.fr, www.assmatmag.com ou www.assmat.presse.fr
- Auprès d'organismes spécialisés :

  Assistantes maternelles magazine
  64, avenue Gabriel Péri
  91600 Savigny-sur-Orge

  Ass Mat
  67, rue de l'Aqueduc
  75010 Paris

Ces deux organismes éditent des guides juridiques et proposent des publications mensuelles comportant de nombreuses précisions. Il est possible de s'y procurer des guides et des informations sur la convention collective applicable depuis le1er janvier 2005.

La convention collective

La convention collective des assistantes maternelles employées par des particuliers a été signée par les partenaires sociaux le 1er juillet 2004. C'est une avancée majeure vers une unification des pratiques.

Cette convention comporte dix-neuf articles étudiant chacun un point précis, tels les dispositions générales, les obligations administratives générales, la durée de l'accueil, la rémunération et les différentes indemnités, les repos et jours fériés, les congés, la protection sociale, la formation, etc.

Il est essentiel que chaque assistante maternelle ait en possession un exemplaire de cette convention, pour pouvoir argumenter les termes de son contrat de travail avec les parents employeurs (voir site Internet ci-dessus et adresse ci-dessous).

Documentation française
124, rue Henri Barbusse
93308 Aubervilliers Cedex

Textes concernant l'agrément

Pour exercer la profession d'assistante maternelle, il faut obtenir un agrément. Les critères nationaux d'agrément sont définis en Conseil d'État, la décision d'agrément est assurée par le président du conseil général, après étude d'un dossier établi par les services médico-sociaux de la PMI du département de résidence. Elle doit intervenir dans un délai de trois mois à dater de la demande. Tout refus devra être motivé.

L'agrément précise le nombre et l'âge des enfants pouvant être accueillis simultanément au domicile de l'assistante maternelle. Un contrôle exercé par le personnel de la PMI s'assurera du respect de cette capacité d'accueil (article 14 de la loi du 16 juin 2005).

Toute décision de retrait d'agrément (voir responsabilités), toute suspension (changement de domicile par exemple) ou toute modification (en capacité d'accueil) doivent être dûment motivées et transmises sans délai aux intéressés.

Textes concernant la formation

Le décret 2006.464 du 20 avril 2006[1] précise l'organisation de la formation obligatoire. Pour toute assistante maternelle agréée depuis le 1er janvier 2007, elle est de 120 h (pour les agréments antérieurs à cette date, la formation de 60 h sera maintenue).

Une première série de 60 h sera mise en place dans un délai de 6 mois à compter de la date de la demande d'agrément et ce, avant tout accueil d'enfant.

La deuxième série de 60 h sera assurée dans un délai de 2 ans à compter du premier accueil d'enfant.

À l'issue de cette formation, l'assistante maternelle devra subir une épreuve d'évaluation. Si la réussite de cette épreuve n'est pas une nécessité, il faut savoir qu'une partie de cette formation est alignée sur l'unité 1 « prise en charge de l'enfant à domicile » du CAP de la petite enfance. Le succès de cette épreuve permettra à l'assistante maternelle de constituer un dossier en vue de l'obtention, dans le cadre de la validation des acquis (VAE), de ce CAP.

1. Voir annexe « Décret n° 2006-464 du 20 avril 2006 relatif à la formation des assistants maternels », page 141.

La rémunération de l'assistante maternelle pendant son temps de formation reste due par l'employeur pour les jours où elle aurait dû accueillir l'enfant selon les termes du contrat (article 20 de la loi du 16 juin 2005).

À noter

La formation obligatoire inclut une initiation aux gestes de secourisme.

Les droits

Le droit du travail

▶ La rémunération journalière minimum de base de l'assistante maternelle est de 0,281 fois le SMIC horaire (actuellement 8,27 €), soit une rémunération horaire de 2,33 € à multiplier par le nombre d'heures de présence de l'enfant au domicile de l'assistante maternelle, pour une durée de 9 h (ou 45 h hebdomadaires).

Le forfait de 0,281 correspond au minimum légal. L'assistante maternelle peut contractualiser avec les parents un tarif plus élevé.

À noter

La loi de 2005 a supprimé la notion difficilement interprétable de 8 à 10 h de présence de l'ancien statut de 1992. Dorénavant chaque heure travaillée est due.

▶ La rémunération mensuelle de base se détermine par le calcul de la rémunération annuelle répartie en douze unités égales. Cette rémunération annuelle se détermine ainsi :

salaire journalier x nombre de jours de présence hebdomadaire x nombre de semaine de placement sur l'année*

*Déduction faite des congés prévus par les parents, congés annuels, jours fériés, ponts, etc., sur les cinquante-deux semaines annuelles.

Ainsi les parents s'engagent à confier l'enfant selon un planning précis et assurent à l'assistante maternelle une rémunération régulière.

À noter

Seul un cas de force majeur ou une maladie de l'enfant justifiée par des documents médicaux autorise les parents à récupérer les sommes indûment perçues par l'assistante maternelle.

Ce mode de rémunération permet aussi à l'assistante maternelle d'avoir douze feuilles de paie.

▶ À cette rémunération de base vont s'ajouter les congés payés de l'assistante maternelle, soit cinq semaines. Deux possibilités de calcul :

1. Payer 1/10e du salaire mensuel.
2. Intégrer les congés payés dans le calcul de la rémunération mensuelle de base.

Exemple : un enfant devant être confié 40 semaines, on effectuera le calcul suivant :

salaire journalier de base x nombre de jours de présence hebdomadaire x 40 semaines de présence pour l'enfant + 5 semaines au titre des congés payés de l'assistante maternelle, soit un total de rémunération de 45 semaines.

▶ Ainsi que les indemnités, au nombre de deux :

1. L'indemnité d'entretien inscrite dans la loi et la convention collective, d'un montant de 2,70 minimum au jour de présence de l'enfant, devant obligatoirement être versée à l'assistante maternelle.
2. L'indemnité de prise en charge des repas dont le montant est à fixer par contractualisation avec les parents employeurs.

Ces indemnités figurent sur le bulletin de paie, mais ne sont pas soumises aux cotisations sociales et ne sont versées qu'en cas de présence effective de l'enfant. Elles s'ajoutent au salaire mensuel net et déterminent ainsi le net à payer.

▶ Pour les jours fériés, seul le 1er mai est payé, s'il correspond à un jour de travail, les autres jours devant faire l'objet de contractualisation avec les parents.

▶ L'assistante maternelle bénéficie d'un calcul particulier pour déterminer son salaire imposable. Il consiste à prendre en compte les salaires « nets à payer » (salaire + indemnités de toutes sortes, y compris la CSG imposable et CRDS), et à soustraire une somme forfaitaire de 3 x le SMIC horaire de base, soit 8,27 € x 3 par jour de garde en temps complet.

Exemple : pour un salaire annuel net à payer de 6000 € et 200 jours de garde effective, on obtient une somme à déclarer aux impôts de : 6000 – 200 x 24,81 = 1 038 €

En cas de temps partiel, le calcul se fera au pourcentage du nombre d'heures travaillées.

À noter

Il est recommandé de joindre à sa déclaration d'impôt la photocopie de son acte d'agrément, justifiant de la qualification d'assistante maternelle.

La protection sociale

▶ Comme tout travailleur déclaré, l'assistante maternelle est soumise aux cotisations de protection sociale (maladie, maternité, vieillesse, chômage, etc.) ainsi qu'aux cotisations de retraite complémentaire.

Référence :
IRCEM – RETRAITE
261, avenue des Nations Unies
BP 593
59060 Roubaix Cedex 1

▶ La protection concernant le chômage et le licenciement peut être détaillée selon les cas suivants :

- La rupture est à l'initiative de l'employeur :

– Elle doit être notifiée par l'employeur et adressée par lettre recommandée avec accusé de réception.
– Le préavis court à compter de la première présentation de la lettre par la poste.

- La rupture est à l'initiative de l'employée : mêmes conditions que ci-dessus.

La durée de préavis est de quinze jours si l'employée a moins d'un an d'ancienneté, un mois au-delà. Le préavis ne se cumule pas avec les congés.

L'indemnité de rupture, dans le cadre d'un minimum d'ancienneté d'un an, et hors notion de faute grave ou lourde, correspond à 1/120e des sommes perçues par l'assistante maternelle pendant la durée du contrat. Elle n'est pas soumise à cotisation et est exonérée d'impôts.

À la fin d'un contrat de travail, il est important que l'assistante maternelle obtienne de son employeur le dernier bulletin de salaire avec solde de tous comptes, un certificat de travail mentionnant les dates de début et de fin d'emploi, ainsi que les documents permettant de contacter les ASSEDIC.

Précisons ici que l'assistante maternelle est considérée en période d'essai pendant une durée de trois mois, à l'issue de laquelle les parents peuvent mettre fin au contrat sans engager de procédure de licenciement.

Responsabilités professionnelles

Assurance

L'assistante maternelle est légalement obligée de souscrire une assurance professionnelle pour les dommages subis et/ou causés par les enfants accueillis.

Si vous êtes employée directement par des parents, vous souscrivez vous-même cette assurance, qui peut être une extension de l'assurance familiale (contrat multirisques habitation) avec mention spécifique de la profession d'assistante maternelle, ou bien souscrire un contrat « assistante maternelle » auprès d'un organisme spécialisé.

Si vous êtes employée par une crèche familiale, vous serez assurée par votre employeur.

Le document doit figurer dans les contrats de travail et d'accueil et être présenté à l'employeur.

FAUTES ET SANCTIONS

▶ La notion de faute

Il existe différents types de fautes :

- Faute légère : ne justifiant pas le licenciement, mais pouvant entraîner une sanction disciplinaire (avertissement, blâme).
- Faute sérieuse : justifiant le licenciement, mais ne rendant pas impossible le maintien du salarié pendant la durée du préavis.
- Faute lourde : supposant une volonté de nuire vis-à-vis de l'employeur, rendant impossible le maintien du salarié dans son emploi, et le privant de toute indemnité de rupture. Le licenciement prend effet immédiatement.

Dans tous les cas, la notion de faute devra pouvoir être prouvée et argumentée dans la lettre de licenciement. Dorénavant, les litiges avec les parents-employeurs relèvent du tribunal des prud'hommes (article 18 de la loi du 16 juin 2005).

▶ Les sanctions

La responsabilité pénale de l'assistante maternelle est engagée dans les cas :

– de garde sans agrément ;
– de non-respect du secret professionnel ;
– de non-dénonciation de mauvais traitements ;
– d'atteintes concernant l'enfant du fait de maladresses, d'inattentions, de négligences ou d'inobservations vis-à-vis des règles établies.

La responsabilité civile est engagée :

- En matière de santé, l'assistante maternelle ne peut administrer un médicament à l'enfant confié sans une ordonnance médicale (récente) et l'autorisation parentale. Elle n'a pas accès aux soins infirmiers.

- En matière de sécurité, elle est tenue de mettre en place toutes les normes de sécurité pour la prévention des accidents domestiques (voir ce chapitre). Si elle doit transporter l'enfant confié dans son véhicule personnel, et dans le cadre de sa vie professionnelle, elle devra souscrire une assurance automobile spécifique, équiper son véhicule de matériel de transport homologué, sans oublier d'obtenir l'autorisation parentale. L'enfant ne sera jamais laissé seul et sans surveillance. Il ne peut être confié à une tierce personne (membre de la famille de l'assistante maternelle, amie, etc.), sauf cas exceptionnel et avec accord parental.

La responsabilité professionnelle de l'assistante maternelle :

- La faute commise par l'agent dans l'exercice de ses fonctions peut entraîner une sanction disciplinaire sous forme d'avertissement, de blâme ou de licenciement. L'incompétence ou l'insuffisance professionnelle pourront également être retenues.

À noter

Certaines infractions peuvent entraîner un cumul de fautes. Si, par imprudence, une assistante maternelle laisse tomber un enfant de la table à langer, seront évoquées la faute pénale (par imprudence) entraînant une amende, la faute professionnelle entraînant une sanction disciplinaire, et la faute civile comportant une indemnisation des parents de la victime.

DÉONTOLOGIE ET SECRET PROFESSIONNEL

DÉONTOLOGIE

L'assistante maternelle occupe une place importante en termes de prévention, de soins d'accompagnement éducatif des enfants qui lui sont confiés. Elle a besoin pour cela de références éthiques spécifiques.

- Respecter les origines de l'enfant, reconnaître le droit à la différence de chaque individu, qu'il s'agisse de sa nationalité, de sa culture, de sa religion, de son mode de vie ou de son handicap.
- Entourer l'enfant de soins vigilants, en relayant les parents sur le plan éducatif, sans toutefois se substituer à eux, mais en les

complétant quotidiennement, sans imposer ses propres valeurs, mais en proposant son projet d'accueil, qu'il conviendra d'ajuster à la personnalité de l'enfant et à la demande de ses parents.

- Accepter le travail en équipe (voir PMI), respecter les rôles spécifiques de chaque intervenant et faire reconnaître sa propre spécificité dans la limite de ses actions.
- Créer un climat de confiance avec les parents de l'enfant, adhérer et s'engager à respecter les termes des contrats signés.
- Respecter le secret professionnel dans le cadre du placement de l'enfant et de sa famille, pendant et même au-delà du placement.

Secret professionnel

Sont couverts par le secret professionnel tous les éléments de la vie privée connus, appris ou même devinés grâce à ses connaissances. Tout viol de ce secret est passible de sanctions pénales (emprisonnement, amende), de dommages et intérêts et de sanctions disciplinaires (retrait d'agrément).

Le secret peut être partagé dans une équipe professionnelle puisque tous les membres sont eux aussi soumis au secret professionnel. Mais vous devez tenir les informations hors de portée de votre famille. Vous pourriez être accusée de non-respect de l'obligation de discrétion, et condamnée à verser des dommages et intérêts si ces informations étaient transmises à une personne non-soumise au secret professionnel (éléments de la vie privée des parents par exemple).

En revanche, la loi autorise et même oblige à violer le secret professionnel lorsqu'il y a constatation de mauvais traitements sur mineur de moins de 15 ans.

Tout manquement à ce devoir est assimilé à une non-assistance à personne en danger et passible de sanctions pénales (code pénal article 223.6 et 434.3).

Deux numéros de téléphone sont prévus pour l'alerte (l'anonymat y est garanti) :

N° vert national 0 800 05 41 41 N° d'appel d'urgence 119

L’assistante maternelle face aux parents

L'assistante maternelle face aux parents

COMPRENDRE LES DIFFICULTÉS DES PARENTS

LES QUESTIONS QU'ILS SE POSENT

- Où vais-je le mettre ?

Il faut, dans un premier temps, choisir entre un placement collectif (crèche) ou un placement familial (vous). Cette démarche est quelquefois rendue impossible par l'absence de structures collectives, d'où une décision forcée pour un placement chez une assistante maternelle, avec ce que cela pourra avoir de répercussions sur le plan relationnel.

- À qui vais-je le confier ?
  - Cette assistante maternelle sera-t-elle fiable ?
  - Saurai-je me sentir proche d'elle sans ressentir de la jalousie, de la rivalité ?
  - N'y a-t-il pas un risque de me sentir dépossédé(e) de mon enfant, dès lors qu'il va vivre d'une autre façon et apprendre des manières d'être qui ne sont pas les miennes ?
- Que vais-je ressentir ?
  - N'aurais-je pas l'impression d'abandonner mon enfant ?
  - Vais-je accepter de déléguer une partie de mes responsabilités éducatives ?

On comprend tout ce qui entre en jeu lorsque des parents doivent confier leur enfant en garde : aux sentiments d'angoisse s'ajoutent ceux de la culpabilité. Il est d'ailleurs frappant de constater le nombre important d'assistantes maternelles ayant choisi d'exercer cette profession, qui concilie vie familiale et vie professionnelle, parce qu'elles n'avaient pu trouver de réponses à toutes ces interrogations, lorsqu'elles avaient envisagé, elles-mêmes, de faire garder leurs enfants.

Savoir les accueillir

Votre travail consiste à accueillir les parents tout autant que l'enfant lui-même. Vous devez réfléchir à l'organisation de votre lieu d'accueil, et aménager la séparation parents-enfant dans ses dimensions d'espace, de temps et d'affectivité.

- Il faut, dans un premier temps, apprendre à se connaître, c'est-à-dire se voir pour échanger des idées. Il ne pourra y avoir entente que s'il y a connaissance. Acceptez de recevoir les parents pour discuter des futurs aménagements à prévoir pour le bien être physique et moral de l'enfant placé. Expliquez-leur que vous serez un relais en leur absence, que vous ne vous substituerez pas à eux. Alors il pourra y avoir acceptation de la garde. À vous également de préparer les parents (la maman) à la séparation (ce point est développé un peu plus loin).
- Vous voyez apparaître ici une autre spécificité de votre profession : votre rôle relationnel, avec ce que tout cela demande d'ouverture d'esprit, de respect et de tolérance envers les individus, d'aptitude à la négociation et de possibilité d'adaptation à toutes sortes de situations. Les points consacrés au contrat d'accueil et d'éducation, ainsi qu'aux problèmes relationnels, vous permettront de mieux appréhender ces aspects de votre fonction.

Savoir les rassurer

Comment aider la maman à se préparer à la séparation ?

Il est vrai que l'on a tendance à polariser toute la préparation de la séparation sur l'enfant, mais il ne faut pas oublier la position délicate de la maman (et parfois du papa) qui va confier son enfant. Pour elle aussi, il est nécessaire de préparer cette séparation. Elle a besoin d'être rassurée et soutenue dans cette épreuve.

C'est vous, l'assistante maternelle, qui allez devoir l'aider. Rassurez-la sur le fait que vous ne cherchez pas à vous substituer à elle, même si les tâches qui vont vous être confiées (donner à manger, changer, bercer, consoler, dorloter, etc.) sont celles qu'elle a assumées jusqu'ici.

Voici quelques conseils.

- Tout abord, il faut lui expliquer qu'elle doit rester calme et sereine devant son enfant, afin que lui-même ne soit pas trop angoissé ; il faut lui expliquer que l'enfant est intimement lié à sa mère sur le plan émotionnel, et qu'une trop grande anxiété maternelle va le mettre en position inconfortable, parce qu'il va ressentir le trouble de sa mère.
- Ensuite, il faut lui expliquer qu'elle doit verbaliser, c'est-à-dire parler de cette décision de placement à son enfant, en lui disant : « Je ne peux pas t'emmener à mon travail avec moi, rien n'est prévu là-bas pour s'occuper d'un bébé, je vais te laisser avec … (votre nom ou surnom choisi), j'ai confiance en elle, elle s'occupera bien de toi pendant mon absence ». Cette démarche est parfois difficile car la maman a du mal à surmonter son émotion. Si elle ne parvient pas à le faire, faites-le à sa place : « Ta maman doit aller travailler, elle ne peut pas t'emmener avec elle, tu vas rester avec moi ».
- Il faut surtout éviter qu'elle se « sauve » sans avertir l'enfant de sa nouvelle situation ou en vous disant : « Je vous laisse, je suis pressée… » Car alors l'enfant est dépersonnalisé et déposé comme un colis. De plus, cette fuite risque d'accroître ses sentiments de culpabilité et d'abandon.
  Certaines mamans vont avoir du mal à se séparer physiquement de l'enfant. Elles vont avoir tendance à « s'incruster » chez vous, comme si elles voulaient retarder au maximum le moment de séparation. D'autres, à l'inverse, vont se sauver pour cacher leur désarroi. D'autres, enfin, sembleront accepter la séparation, mais vous inonderont de coups de téléphone dans la journée pour avoir des nouvelles. Autant de mères, autant de comportements différents… C'est parce que vous saurez les comprendre et vous montrer chaleureuse qu'elles dépasseront leurs difficultés.

Les situations familiales particulières

- Problèmes liés à l'enracinement culturel : lorsqu'il y a une différence de culture, il peut y avoir des difficultés relationnelles, soit parce que l'on a du mal à comprendre la langue, soit parce que l'on a du mal à accepter certaines traditions et coutumes différentes des nôtres.
- Problèmes liés à la religion : il y a, là aussi, possibilité d'incompréhension, voire d'intolérance.

Notons ici que ces remarques sont valables pour l'assistante maternelle comme pour les parents de l'enfant. Il y a danger de mise en place d'attitudes racistes et de relations conflictuelles ultérieures. Il faut envisager en toute conscience si ces différences seront un enrichissement pour chacune des parties ou source de conflits multiples.

- Les difficultés socio-économiques
  – Devant une situation difficile, il faut se refuser le droit de juger et ne pas brandir l'étiquette des mauvais parents. Toutefois, si un problème vous semble important (manque d'hygiène flagrant, suspicion de mauvais traitements sur l'enfant, problème de drogue ou d'alcoolisme concernant les parents, etc.) vous pouvez prendre contact avec votre service de PMI en leur exposant la situation. C'est le service qui décidera de ce qu'il convient de faire.
  – Il est sûr que votre rôle, dans ce genre de problème, est très limité. Seule une prise en charge par un service social pourra aider les parents. À vous d'accepter ou non d'y collaborer.
- Les difficultés concernant la notion de famille
  – La notion de famille a beaucoup évolué et semble s'être rétrécie au couple parents-enfants. Il y a souvent coupure physique, géographique, voire idéologique avec les générations précédentes. Vous devez être attentive à cette notion et ne pas abreuver les jeunes parents isolés de conseils, en mettant en avant votre expérience personnelle et professionnelle. Il ne faut jamais aller au-delà de la demande des parents.
  – La famille a également subi des transformations dans sa constitution. En effet, les problèmes de séparation, de divorce, de familles éclatées puis reconstituées, voire monoparentales sont devenus fréquents. Certaines situations difficiles peuvent perturber

les relations entre l'assistante maternelle et les parents de l'enfant en garde. Il faut également, dans ce point précis, se refuser le droit de juger et ne pas s'impliquer dans les conflits familiaux, tant que ceux-ci n'ont pas de répercussions sur le développement de l'enfant. Il ne faut pas non plus essayer de s'approprier l'enfant sous le prétexte qu'il vit des situations difficiles.

ÉTABLIR LES CONTRATS DE TRAVAIL ET D'ACCUEIL

PREMIER ACCUEIL ET PREMIER ENTRETIEN

Le premier contact est téléphonique. Vous devrez recueillir les informations indispensables : âge de l'enfant, jours d'accueil envisagés, horaires prévus, pour pouvoir argumenter votre réponse. Ce contact doit être bref et complété par une proposition d'entretien en dehors des heures de travail de chacun, pour une meilleure disponibilité.

Il est déconseillé de donner des informations sur les tarifs lors de ce premier contact.

L'entretien peut être de durée variable, mais il constitue un temps de rencontre indispensable pour se situer comme futur employeur et comme professionnelle. Un espace convivial chez l'assistante maternelle sera aménagé à cet effet. Les premières questions porteront sur un recueil d'informations réciproques afin de constituer un dossier d'accueil. L'entretien sera complété par une visite des lieux professionnels. Cette démarche a pour but de permettre aux parents de parler d'eux, de leur enfant, de leur histoire ; viendra ensuite la négociation en vue de l'établissement d'un contrat de travail et d'accueil.

LE CONTRAT DE TRAVAIL

Depuis la loi de juin 2005 et la convention collective nationale des assistantes maternelles, le contrat de travail doit être obligatoirement rédigé par écrit. Il doit préciser les obligations administratives des deux parties telles que :

- Identification des parties :
  - n° d'identification de l'employeur URSSAF, PAJEMPLOI ;
  - n° de Sécurité sociale du salarié.
- Identification de l'enfant
- Dossier assistante :
  - référence de l'agrément ;
  - assurance professionnelle.
- Contrat et rémunération :
  - date d'embauche ;
  - durée de la période d'essai ;
  - périodes d'accueil et horaires ;
  - rémunération de l'accueil ;
  - congés payés et jours fériés ;
  - frais d'entretien ;
  - date du paiement.
- À ces obligations administratives pourront être adjoints :
  - les arrangements entre parties ;
  - indemnités spéciales ;
  - heures majorées ;
  - congés exceptionnels ;
  - absences pour formation ;
  - le rappel des procédures de licenciement ;
  - les documents de fin de contrat ;
  - solde de tout compte ;
  - certificat de travail.

Tout aménagement de ce contrat devra faire l'objet d'un avenant signé par les deux parties.

Le contrat d'accueil

Non obligatoire au titre de la loi, c'est toutefois une nécessité pour une bonne prise en charge de l'enfant. Il comporte des points très précis :

- Concernant la santé de l'enfant :
  - photocopie des vaccinations ;
  - antécédents de maladie ;
  - allergies éventuelles ;

– aliments interdits ;
– autorisation d'intervention médicale, avec référence du médecin choisi par les parents ou d'intervention d'urgence en service hospitalier.

- Concernant le matériel de puériculture fourni par l'assistante maternelle ou par les parents
- Concernant l'éveil :
  – autorisation de fréquentation de structures « petites enfances » (halte-garderie, ludothèque centre d'éveil, etc.).
- Autorisations diverses :
  – transport dans le véhicule personnel de l'assistante maternelle (prévoir une attestation spécifique) ;
  – en cas d'urgence, personne de référence pouvant accueillir l'enfant ;
  – personnes autorisées à venir chercher l'enfant.

Les relations avec les parents

Positionnement professionnel

La relation entre les parents et l'assistante maternelle est particulière, mais elle doit rester professionnelle. Il peut se poser le problème du tutoiement ou du vouvoiement. Se tutoyer, c'est prendre le risque de fausser la relation employeur-salarié en introduisant une sorte de familiarité. Se vouvoyer permet de trouver plus facilement sa place dans le contexte professionnel. Il n'y a pas de règle. Chaque partie doit pouvoir donner son avis et trouver ensuite la solution ensemble.

Il en est de même pour le nom utilisé pour nommer l'assistante maternelle. Si le mot « nounou » peut paraître affectueux dans la bouche du tout petit, il est hors de question qu'il soit utilisé par les parents.

Vous suggérerez aux parents de vous appeler soit par votre patronyme, soit par votre prénom. Là non plus, il n'y a pas de règle. Il faut faire attention également à l'appellation « tata », correspondant à un contexte familial, donc inutilisable dans ce cas professionnel.

Transmissions des informations

Les parents ont besoin de savoir comment s'est passée la journée de leur enfant. Leurs questions sont quelquefois maladroites ou restrictives. L'avez vous sorti ? A-t-il bien mangé ? A-t-il fait caca ? Par sa conscience professionnelle, l'assistante maternelle, attentive à l'enfant, se sent « surveillée » et soumise à un interrogatoire. Difficile dans ces cas de se sentir en confiance. D'autant plus que cet interrogatoire est à sens unique. En effet, il n'est guère possible pour l'assistante maternelle de savoir ce qui se passe au domicile des parents.

Prenons un exemple : l'enfant confié est tombé, il a une grosse bosse sur le front. Le retrouvant le soir, la maman, surprise et inquiète, peut avoir tendance à utiliser un vocabulaire culpabilisant envers l'assistante maternelle : « Vous l'avez mal surveillé ! » L'enfant arrive le matin avec une bosse sur son front. Peu de mamans pensent à informer l'assistante maternelle sur l'origine de la chute ou du coup et de l'éventuelle surveillance à exercer.

Les transmissions journalières doivent porter sur des points précis, liés aux développements de l'enfant et à son bien-être physique :

- qualité du comportement pendant la journée (gai, fatigué, grognon, etc.) ;
- qualité de l'alimentation ;
- qualité du sommeil ;
- signes évoquant une pathologie à surveiller (fièvre, éruption, etc.) ;
- incident ou accident (chute, doigt pincé, morsure, etc.).

Ainsi que sur des points plus liés à l'éveil et à l'éducatif :

- progrès dans le développement psychomoteur ;
- intérêt pour les activités d'éveil.

Qu'elles soient verbales ou écrites, ces transmissions sont indispensables. Mais doit-on tout dire ? Tout d'abord, il faut établir une échelle des priorités (du plus urgent vers le moins urgent), dégager le positif de la journée sans insister sur les points négatifs, en décrivant les faits en quelques mots précis, sans subjectivité de la part de l'assistante maternelle, sans porter de jugement de valeur vis-à-vis des parents, mais en prenant en compte leurs réactions, sans s'accorder tous les mérites en cas de progrès de l'enfant.

Savoir gérer les situations difficiles ou conflictuelles

La communication

Pour communiquer, nous utilisons deux modes d'expression : le langage verbal et le langage non-verbal.

Le langage verbal est un moyen pratique et rapide d'échange d'informations, nécessitant que les interlocuteurs n'aient pas de problème de langue ni de compréhension. De plus, la communication n'est possible que si l'autre est dans de bonnes conditions d'écoute (matérielles et personnelles).

Le langage non verbal regroupe ce qui n'est pas exprimé par les mots mais qui peut provenir de la voix (cris, pleurs, rires, ton, etc.) ou qui peut se traduire par des attitudes (gestes, mimiques, attitudes corporelles, etc.) ou par le langage du corps.

Dans la communication, il faut prendre en compte les points suivants : ce que je veux dire, ce que je dis, ce que l'autre entend, écoute, comprend, retient, reformule, décide de faire. Mais aussi les attitudes, les gestes, les mimiques qui accompagnent le discours et précisent le sens de ce qui est dit.

Se positionner face aux parents

Il y a situation conflictuelle lorsque les deux parties, parents et assistante maternelle, ne parviennent pas à trouver un terrain d'entente. Aux querelles d'adultes doit être opposé l'inconfort de l'enfant confié, qui se retrouve l'enjeu de systèmes différents sur sa prise en charge ou de points de vue différents sur son éducation-

Certaines demandes ou réflexions parentales gèrent, voire heurtent l'assistante maternelle. Au-delà de la simple communication, c'est quelquefois en raison d'une incapacité à se comprendre ou bien à cause de paroles maladroites ou impulsives, émises sous le coup de la stupeur, de la colère ou de la frustration. Lorsque l'on doit confier son enfant à quelqu'un d'autre, n'est-on pas amenés à penser : de qui, d'elle ou de nous, notre enfant va-t-il porter la marque ?

Beaucoup de parents peuvent se sentir dépossédés et considérer l'assistante maternelle comme une rivale, concernant le partage affectif de l'enfant. Il est normal que l'enfant s'attache à son assistante maternelle, qui satisfait ses besoins pendant sa journée de garde. Il est normal aussi que celle-ci s'attache à l'enfant, car au-delà de ses compétences techniques et éducatives, c'est cet attachement qui valorise l'assistante maternelle dans sa fonction (hors de question toutefois de se laisser appeler « maman »).

Certains propos tenus par l'assistante maternelle peuvent gêner les parents. Il faut essayer de ne pas employer des mots comme « problème, souci, inquiétude »...

Exemple : « Ne vous faites pas de souci, tout va bien se passer ! » peut être entendu par les parents comme « il peut y avoir des problèmes donc j'ai raison de me faire du souci ! ».

Il n'est pas évident de recevoir des critiques. Certaines, justifiées, permettent, lorsqu'elles sont accueillies sereinement, de faire évoluer une situation :

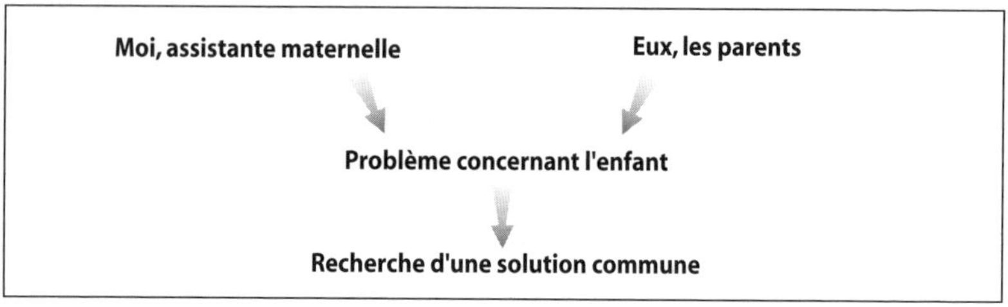

En ce qui concerne les critiques injustifiées, il est important de ne pas se dévaloriser, ni entrer dans la confrontation avec agressivité, ni chercher à tout prix à se faire apprécier.

ÉTUDES DE CAS

Cas 1

Le papa : mon fils a un an, je voudrais qu'il apprenne à aller sur le pot.

Vous : je comprends que vous ayez envie qu'il soit propre, mais il est encore trop petit pour cet apprentissage.

Le papa : mais il tient assis depuis plusieurs mois, il peut donc se mettre sur le pot.

Vous : c'est vrai, mais ce n'est pas cela qui est déterminant pour cet apprentissage. Il faut qu'il puisse comprendre la demande et, surtout, que son organisme soit suffisamment mature pour contrôler ses sphincters. Il faut encore attendre, vers 18 mois peut-être*.

Le papa comprendra que le refus n'a rien de personnel car il est clairement argumenté, la discussion reste donc ouverte.

*Pour plus d'explications, reportez-vous au chapitre 4, à la partie « Mettre en place l'apprentissage de la propreté sphinctérienne ».

Cas 2

La maman : il est enrhumé, il a du sortir mal couvert !

Vous : il est sorti avec les vêtements que vous aviez décidé de lui mettre.

La maman : alors il fallait le laisser à la maison !

Vous : vous savez que je n'ai pas le droit, même un court instant, de le laisser seul et sans surveillance. Pourquoi ne pas me laisser quelques petits vêtements que j'entretiendrai et parmi lesquels je pourrai choisir, en fonction du temps ?

La maman comprendra que vous êtes sensible à son problème et que vous acceptez de collaborer pour améliorer votre relation. Là aussi, la discussion reste ouverte.

Cas 3

La maman : j'ai des courses à faire ce soir, je viendrai le chercher plus tard.

Vous : pouvez-vous me donner une idée de votre heure de retour, pour que je puisse moi aussi organiser ma vie familiale ? J'accepte aujourd'hui de vous rendre ce service, mais il serait préférable que vous me préveniez plus tôt la prochaine fois, car je ne serai peut-être pas toujours disponible.

Dans ce cas également, vous montrez à la maman que vous êtes sensible à son problème, mais vous vous imposez respectueusement. Vous affirmez votre point de vue mais laissez la discussion ouverte, il n'y a donc pas de blocage dans les transactions.

Ces quelques exemples n'ont pas pour but de vous donner une marche à suivre, il n'y a pas de recette idéale dans les mécanismes de communication. Ils doivent vous aider à mieux vous situer dans le dialogue, à mieux cerner et comprendre le message des parents, à apprendre à réagir sans hâte, sans agressivité ni dévalorisation personnelle, et à bâtir une réponse cohérente et bien argumentée.

Où trouver de l'aide ?

Seule face à ces difficultés, l'assistante maternelle travaillant dans le cadre de parents-employeurs particuliers peut trouver de l'aide auprès des services de PMI, si le conflit porte sur la sécurité ou le développement de l'enfant, en demandant la visite de la puéricultrice de secteur. Reconnaître ses difficultés et chercher à les surmonter, c'est se montrer professionnelle.

Si le conflit porte sur des animosités de personnes, il est possible de se faire aider par un relais, ou par une association. Confronter ses difficultés avec celles d'autres professionnelles peut être enrichissant, mais attention à ne pas franchir la limite de la discrétion professionnelle et de la notion de secret lié aux familles.

L'assistante maternelle face à l'enfant confié

L'assistante maternelle face à l'enfant confié

Connaître les différentes étapes du développement de l'enfant de 0 à 3 ans et leurs interactions

Évolution staturo-pondérale et dentaire

Point d'étude rapide sur le développement physique de l'enfant de 0 à 3 ans :

Le développement physique concerne l'évolution de la taille et du poids de l'enfant. Cette évolution va être liée à plusieurs paramètres qui vont influer sur elle :

- le déroulement de la grossesse et l'état de l'enfant à la naissance ;
- l'hérédité, le sexe de l'enfant ;
- l'environnement, le mode de vie ;
- l'état de santé de l'enfant.

Chaque enfant va évoluer à son propre rythme en fonction des facteurs cités ci-dessus. Ainsi, un schéma de développement basé sur des chiffres de taille et de poids correspondant à un âge donné, n'est pas forcément valable pour tous les enfants. De plus, ces chiffres risqueraient de faire naître chez l'assistante maternelle des angoisses sur la bonne évolution de l'enfant en garde et donc sur ses compétences professionnelles, si l'enfant ne correspondait pas à ce schéma.

Toutefois, une remarque s'impose : si le gain en taille est acquis (on ne rétrécit pas !), le gain en poids ne l'est jamais complètement : on peut grossir et on peut maigrir. Il faut donc être plus attentive aux courbes de poids que de taille.

Quelques repères concernant cette évolution staturo-pondérale

- Pour la taille : l'enfant de 1 an a gagné la moitié de sa taille de naissance : il mesure environ 75 cm ; l'enfant de 4 ans atteint 1 m.
- Pour le poids : l'enfant double son poids de naissance vers 5 mois, le triple vers 1 an et le quadruple vers 2 ans soit environ 12 kg.

Ajoutons d'autres éléments de surveillance et de croissance

- Le tour de tête présente une évolution majeure pendant les 3 premières années de vie : il atteint 50 cm à 3 ans ;
- l'évolution dentaire, qui se met en place entre 6 et 30 mois (dite dentition de lait), est palliative et tombera progressivement à partir de 6 ans. Elle se compose de 20 dents (8 incisives, 4 canines, et 8 prémolaires).

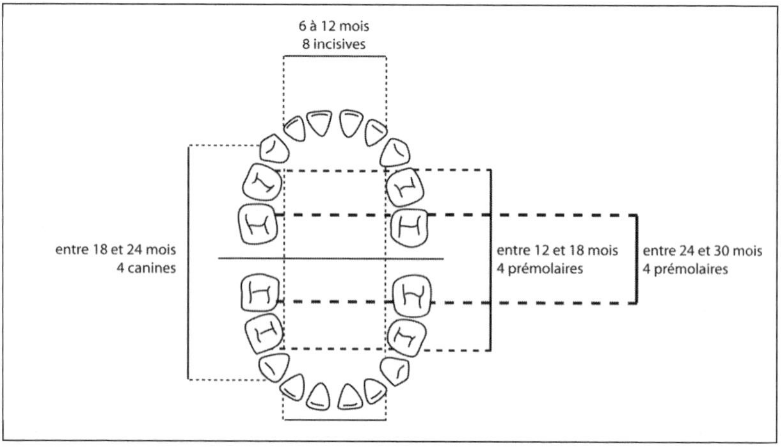

Figure 1. La dentition de lait : 20 dents

Étude psychomotrice et socio-affective

Comme pour l'étude du point précédent, il n'est pas question d'établir une liste d'acquisitions par mois d'âge. Les étapes du développement sont variables d'un enfant à l'autre et doivent être étudiées dans leur globalité. On a pu déterminer quatre grands stades d'évolution :

- stade 1 : de 0 à 3 mois ;
- stade 2 : de 3 à 9 mois ;
- stade 3 : de 9 à 18 mois ;
- stade 4 : de 18 mois à 3 ans.

Chacune de ces périodes va correspondre à une évolution posturale et motrice typique qui influera sur le comportement intellectuel, affectif et relationnel de l'enfant. En effet, le développement moteur se fait selon un axe permanent, de la même façon chez tous les enfants, de la tête vers les pieds (ce qui explique que se succèdent dans le temps les acquisitions telles que tenues de la tête, station assise, station debout, etc.) et de la racine des membres vers leurs extrémités.

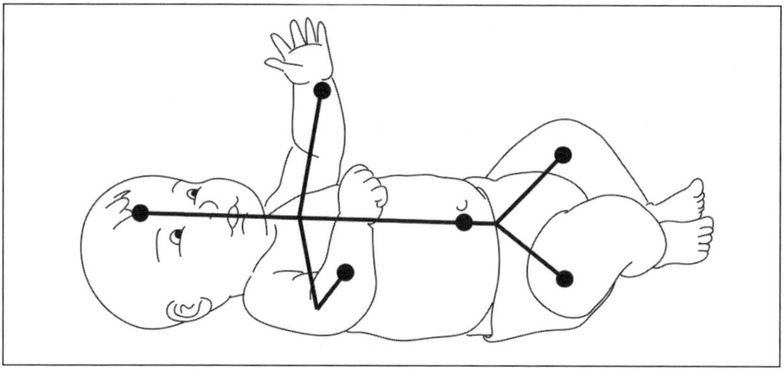

Figure 2. Le développement moteur de l'enfant.

▶ **Stade 1 :** de 0 à 3 mois

C'est le stade du tout petit bébé statique et totalement dépendant de l'adulte, car il ne peut se mouvoir par lui-même.

- Son attitude recroquevillée des premières semaines de vie va se détendre. Il pourra être mis en position allongée, sur le dos, sur le ventre ou en position semi-assise, dans un siège spécifique ou bien calé dans un gros coussin pour soutenir son dos, et ceci pour de courtes périodes. La faiblesse des muscles de son cou ne lui permet pas de tenir sa tête droite. Celle-ci doit être maintenue lors des déplacements et des manipulations de l'enfant.

Figure 3. Le maintien de la tête de l'enfant.

- Sa vue s'améliore et son champ visuel s'élargit. On peut alors commencer à stimuler son éveil en lui proposant des activités dites de « berceau ». Il s'intéresse à ce qui est proche de son visage, à ce qui bouge, à ce qui brille ou a de belles couleurs franches, à ce qui fait du bruit. Son éveil est essentiellement sensoriel. Il parvient à agripper des objets au contact.
- Il prend peu à peu conscience de son environnement et découvre sa mère ou son substitut (vous), et comprend que la satisfaction de ses besoins passe par elle ou vous. Néanmoins, il n'a pas de comportement émotionnel tranché. Ses manifestations sont le reflet de ce qu'il ressent ou de ce qu'il subit.

Dans son deuxième mois de vie, il va essayer d'entrer en contact avec la personne qui s'occupe de lui. C'est l'apparition du premier sourire intentionnel, sourire franc et accompagné du regard. Puis se mettront en place des jeux vocaux, basés sur des émissions de sons gutturaux de type AREU, AKEU, AGUEU que l'adulte reprend en réponse : c'est le début de la communication.

<u>Résumé</u>

- Stade statique, mais détente musculaire des membres supérieurs ;
- ouverture de la main et saisie des objets au contact ;
- amélioration de la vue ;
- début d'échange avec l'adulte par le sourire et les jeux vocaux.

▶ **Stade 2 :** de 3 à 9 mois

La principale acquisition qui décide du passage du stade 1 au stade 2 est la tenue de la tête.

- La tête se maintient bien droite, dans l'axe du corps, même lorsque l'enfant est en position inconfortable. Il peut donc être déplacé de façon différente, porté contre la hanche, en étant tourné vers vous ou vers l'extérieur.

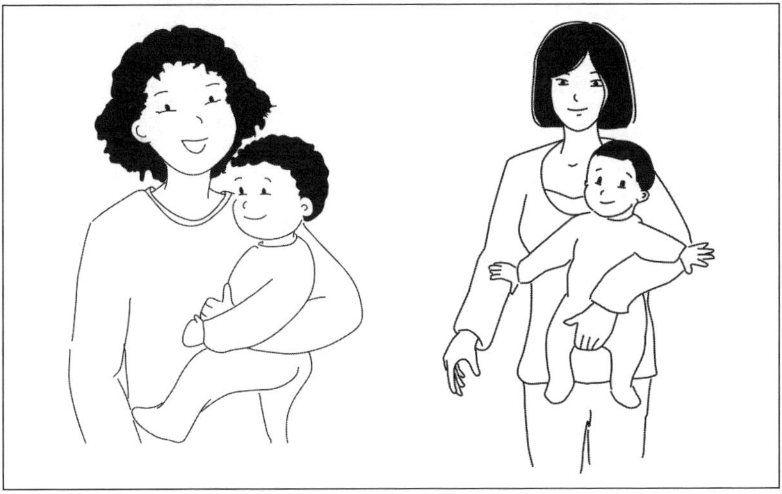

Figure 4. Le maintien de la tête.

- Ces deux positions allègent le poids de l'enfant et sont stables et sécurisantes pour lui. La position sur la hanche face à l'extérieur (votre main passant alors entre ses jambes pour le tenir) permet à l'enfant de découvrir le monde qui l'entoure. De plus, en renforçant la sangle abdominale de l'enfant, elle favorise l'acquisition de la position assise.
- Le développement musculaire est important, l'enfant a de plus en plus de force et découvre ses capacités motrices. Mis en position allongée, sur le dos, il joue avec ses membres. Mis en position sur le ventre, il est capable de soulever son buste, au niveau des coudes puis des mains. Il parvient à rouler sur lui-même, du ventre sur le dos puis du dos sur le ventre. Il réussit à se traîner sur le sol en rampant. Enfin, entre 6 et 9 mois, il acquiert la position assise, avec appui central, latéral, puis sans appui.

- Vers la fin de ce stade d'évolution, il est capable de se mettre en position à « quatre pattes », en appui mains-genoux, puis mains-pieds. Il parvient même quelquefois à se redresser lorsqu'il trouve un bon appui.

Figure 5. Redresser sa tête, se redresser sur ses bras, position du planeur, se retourner, ramper

- Sa main est devenue un véritable outil. Il attrape les objets volontairement, par ratissage dans un premier temps, puis par préhension palmaire, puis par pince grossière réalisée entre sa paume et ses doigts.
- Il aime manipuler les objets et les porte spontanément à sa bouche : on parle alors de stade oral. Il développe une intelligence sensori-motrice. Il aime taper, tirer, jeter, frapper les objets. Il peut en tenir un dans chaque main, en lâcher un pour en attraper un troisième.
- Sur le plan intellectuel, son caractère s'affirme. Il a compris qu'il pouvait agir sur son entourage en modulant ses appels, ses pleurs ou ses cris. Il est gai, rit aux éclats, se montre sociable. Mais vers la fin de ce stade, va apparaître une période sensible, appelée crise anxieuse, où l'enfant prend conscience que sa mère est distincte de lui et vit dans l'angoisse de la perdre. Parallèlement à cette crise, vont se développer des troubles du comportement vis-à-vis de tout ce qui va perturber ses habitudes (peur des étrangers, peur de la nouveauté, etc.).
- Sur le plan relationnel, il est tendre, aime être câliné. Il apprécie la compagnie de l'adulte et réclame sa participation dans ses jeux. Néanmoins, il commence à montrer des colères lorsqu'il n'arrive pas à maîtriser une situation.
- Sur le plan du langage, il s'entraîne au babillage et parvient à prononcer quelques syllabes PA, TA, MA qu'il s'amuse à répéter, PAPAPA, MAMAMA, ATA formant ainsi ses premiers mots, encouragé par l'adulte.

<u>Résumé</u>

- ➢ Stade d'acquisition des postures et début de la motricité globale ;
- ➢ utilisation de la main en pince ;
- ➢ intelligence sensori-motrice et stade de l'oralité ;
- ➢ stade d'éveil important, apparition de la crise anxieuse ;
- ➢ apparition des premiers mots.

▶ **Stade 3 :** de 9 à 18 mois

Le passage du stade 2 au stade 3 est marqué par l'acquisition de la station assise, stable et sans appui, et par l'amorce de la verticalité. On pourrait l'appeler le stade du petit « trottineur » et du petit bricoleur, tant sont grands les progrès sur les plans moteur et gestuel.

- Sur le plan de la motricité , le point le plus important est l'acquisition de la marche, aidée par l'adulte dans un premier temps, puis libre et assurée. C'est l'indépendance réelle sur le plan du déplacement. L'enfant aime toutes les activités motrices : marcher, courir, escalader, utiliser des jouets porteurs, jouer au ballon, etc. Sur le plan de la motricité fine, il est devenu très adroit et forme une pince entre son pouce et son index. Il parvient ainsi à saisir des objets de plus en plus petits. Il est très précis dans ses gestes, aime explorer et essaie d'introduire ses doigts dans les trous. Il aime taper, tirer, tourner, froisser du papier, empiler, casser, etc.
- Sur le plan intellectuel , et en rapport avec ses progrès moteurs et gestuels, il cherche à tout faire tout seul, à devenir autonome, par exemple pour s'alimenter. Mais il se rend vite compte qu'il ne peut pas tout faire, soit parce qu'il n'en a pas encore la capacité, soit parce que l'adulte met des barrages pour son bien-être et sa sécurité. D'où des attitudes agressives envers les objets et les personnes et des colères. L'enfant n'a pas la notion du permis et du défendu, du bien et du mal. C'est par la multiplication des expériences qu'il va l'acquérir.
- Sur le plan relationnel , il peut se montrer démonstratif et même un peu cabot. Il a acquis la notion de la réciprocité affective et comprend qu'il faut donner et aimer pour être aimé en retour. Il est très attiré par l'adulte qu'il cherche à copier dans ses jeux d'imitation.
- Sur le plan du langage, il y a apparition du vocabulaire. Il commence à former des mots simples à l'aide de syllabes redoublées TOUTOU, LOLO, BOBO, puis à l'aide de syllabes de sons différents, avec toutefois des difficultés à prononcer certaines consonnes, a'ion pour avion, è'ci pour merci, etc.

Il comprend et utilise le mot-geste : boum pour tout ce qui tombe ou le mot-situation : toutou dit violemment signifie vilain toutou.

Vers 18 mois apparaît la première phrase avec un verbe conjugué : pa'ti papa. Il parle de lui en utilisant son prénom : C'est à Nanou.

Figure 6. Les activités motrices de l'enfant

Résumé

- Stade riche en évolution motrice et gestuelle ;
- stade de la recherche de l'autonomie ;
- stade des difficultés sur le plan du comportement ;
- enrichissement important du vocabulaire.

Stade 4 : de 18 mois à 3 ans

Après 18 mois, l'enfant évolue sur tous les plans et acquiert peu à peu une certaine indépendance.

- Sur le plan moteur, il est très déluré. Il marche, court, escalade, monte et descend les escaliers. Il utilise un grand nombre de jeux moteurs : porteur, tricycle, jeux de ballon, toboggan, cage à escalader, etc.

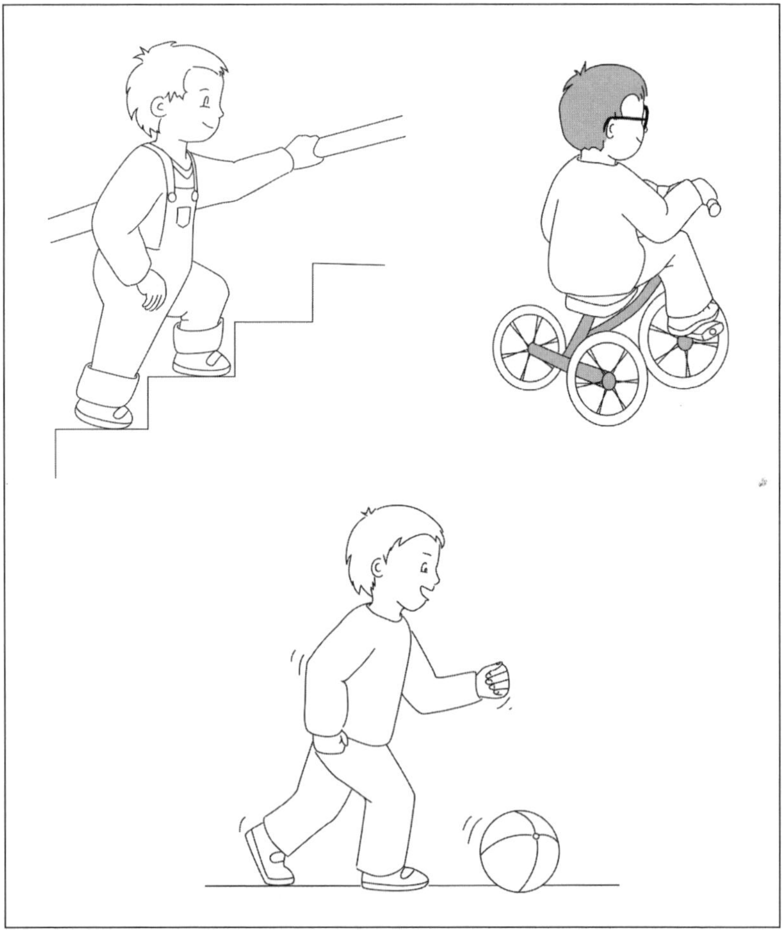

Figure 7. Les jeux moteurs

- Sur le plan intellectuel, il passe à une nouvelle forme d'intelligence appelée intelligence symbolique. Cette évolution est liée à l'évolution du langage, car il peut mettre un nom sur chaque objet et l'évoquer, même s'il n'est pas visible. C'est ce que l'on appelle l'image mentale. Il est très égocentrique et utilise fréquemment le « c'est à moi », montrant ainsi qu'il a acquis la notion du moi et du je.
- Sur le plan relationnel, il s'impose et affirme son caractère. Il est en crise d'opposition avec l'adulte. On dit alors qu'il est en phase de négativisme car il utilise sans arrêt le non, plus pour s'opposer et s'imposer que pour refuser réellement. D'où des situations difficiles et souvent conflictuelles. Il prend également conscience de ses petits camarades et recherche leur compagnie, même s'il préfère jouer en parallèle plutôt qu'avec eux. Mais cette étape va permettre d'envisager une préscolarisation. Enfin, c'est au stade 4 que l'enfant prend conscience de son identité sexuelle. Sur le plan du vocabulaire, les progrès sont énormes. Il connaît et utilise plus de mille mots.

Résumé

- Stade de progrès moteurs ;
- apparition de l'intelligence symbolique ;
- prise de conscience du je ;
- stade d'autonomie et du début de socialisation.

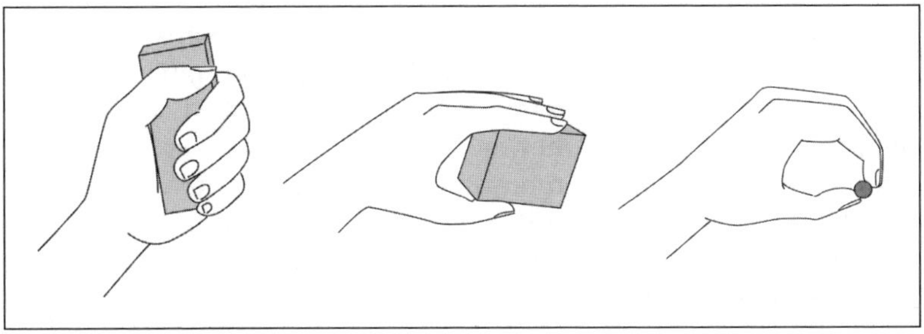

Figure 8. Évolution de la préhension

Accueillir l'enfant

Figure 9. L'accueil de l'enfant

Qu'est-ce qu'accueillir ?

Accueillir un enfant lorsqu'on est assistante maternelle, c'est lui faire une place dans son domicile et sa propre famille, veiller à son bien-être, à son développement et à son éveil tout au long de la journée, puis le rendre à ses parents le soir. C'est être témoin de la séparation mère-enfant chez cette mère accompagnant son bébé. L'assistante maternelle fera comprendre à la maman qu'elle et son enfant peuvent prendre appui sur ses compétences professionnelles.

C'est prendre en compte les différences éducatives, culturelles et cultuelles et travailler avec la famille pour établir un climat de confiance. C'est aussi pour l'assistante maternelle la nécessité de prendre de la distance face à certaines situations (tels son propre vécu et sa position de mère) et de faire preuve de patience et de lucidité.

Les besoins permettant la réussite du placement

– Besoin de respect pour le développement de l'enfant, pour son individualité et son rythme personnel, ses désirs, ses découvertes et sa recherche d'autonomie.
– Besoin de paroles et d'échanges avec des mots vrais et directement adressés à l'enfant, ce qui humanise la relation.
– Besoin d'affection, de tendresse et de stabilité. L'enfant a besoin d'établir des relations affectives avec l'adulte qui s'occupe de lui pendant l'absence de sa mère, et qui s'inscrivent dans la durée.
– Besoin d'éveil et d'ouverture sur le monde.
– Besoin d'une bonne entente entre les parents et l'assistante maternelle, pour mettre en place un climat de confiance et sécuriser l'enfant.

Du premier accueil aux séparations et retrouvailles quotidiennes

Le bébé ressent de façon intuitive le malaise et le sentiment d'angoisse de ses parents face à la séparation. Il peut en réaction crier, présenter des troubles alimentaires, du sommeil ou du comportement, selon l'âge au moment du placement. Il ne faut pas banaliser ces signes, mais au contraire verbaliser et rassurer l'enfant sur le fait que ses parents ne l'ont pas abandonné, mais confié à une autre personne pour un temps bien déterminé. L'enfant doit être préparé à la séparation, de préférence par sa mère.

Exemple : je vais me rendre à mon travail, je ne pourrai pas t'y emmener avec moi, alors j'ai choisi ... (nommer la personne) pour s'occuper de toi pendant mon absence, je reviendrai te chercher ce soir.

À défaut, par la personne qui l'accueille :

Exemple : maman est partie travailler mais elle ne t'a pas abandonné, elle t'a confié à moi pour que je prenne bien soin de toi jusqu'à son retour.

Et ceci, même s'il s'agit d'un tout petit bébé.

Rappelons ici qu'il faut éviter les pièges de vocabulaire. Pour les parents : dire confier et non pas laisser. Pour celle qui accueille : dire accueillir et non pas garder.

Les techniques d'intégration peuvent varier selon les lieux et les équipes. Je pense qu'il est important que l'enfant fasse ses nouvelles expériences de vie en présence de ses parents (avec la mère principalement). Elles peuvent être organisées en progression horaire, étalées sur plusieurs jours. Mais je crois qu'il faut qu'il fasse avec sa mère un certain nombre d'expériences dans son nouveau mode de garde :

– dans un premier temps, la maman s'occupe de son enfant ;

– dans un deuxième temps, la maman laisse celle qui accueille s'occuper de son enfant, mais reste présente ;

– ensuite, la maman peut s'éclipser pour un temps plus au moins long.

On parle quelquefois d'adaptation. On n'adapte pas le bébé, c'est lui qui s'adapte à sa nouvelle situation.

Lors de la première séparation, il est conseillé de confier au bébé un jouet ou un élément de vestiaire ou de literie imprégné de l'odeur de la maison et de sa mère. C'est le doudou, objet magique aux fonctions multiples telles que recréer les liens mère-enfant pendant son absence, calmer, rassurer, apaiser les tensions, etc. Quelquefois mal accepté pour son caractère inesthétique ou sa saleté par l'entourage ou les personnes qui accueillent, il est extrêmement important pour l'enfant et, à ce titre, il doit être respecté et ne peut faire l'objet de chantage.

On a vu, au point d'étude précédent, que l'accueil de l'enfant doit être personnalisé. Il est donc important de connaître le plus précisément possible les habitudes de l'enfant. Voici un exemple de questionnaire d'observation et de questions à poser aux parents :

- Concernant l'alimentation
  – Qualité de son appétit, rythmes journaliers, comportement face à l'alimentation
  passif, actif, indifférent
  – Techniques d'alimentation
  biberon, cuillère, timbale

- Concernant le sommeil
  – Rythme et qualité de son sommeil
  rites d'endormissement

- Concernant l'hygiène
  – Comportement face aux soins
  passif, actif, indifférent

- Concernant les jeux et les activités
  Comportement passif, actif, indifférent
  Relations avec les autres enfants
  Relations avec les adultes
- Concernant ses caractéristiques posturales ou motrices (à aménager selon l'âge de l'enfant)
  Comportement tonique ou mou, voire apathique
- Concernant ses caractéristiques psychoaffectives et relationnelles
  Attiré ou non par l'adulte
  Manifestations lors de la séparation
  Colère, agressivité, indifférence
  Objet familier

Cette liste n'est pas exhaustive et doit être aménagée en fonction de l'âge de l'enfant.

Quotidiennement, l'enfant subit une situation de ping-pong entre sa prise en charge familiale et celle de son assistante maternelle.

Ping : je suis avec ma mère.

Pong : on m'emmène dans mon mode de garde malgré mes angoisses de séparation ; j'y passe une bonne journée.

Ping : ma mère réapparaît et je repars chez moi avec elle...

Cette situation est difficile à gérer par le tout-petit et elle s'accompagne souvent de pleurs, de cris, voire de colère ou même d'indifférence suivant son âge. Si l'enfant pleure le matin et a du mal à se séparer de sa mère, c'est peut-être parce que son placement a été mal préparé ou bien qu'il ressent l'angoisse de sa mère et ses difficultés à la séparation. S'il pleure le soir en trouvant sa maman, ça ne veut pas dire qu'il est malheureux ou qu'il a passé une mauvaise journée, mais qu'il relâche brutalement toutes les tensions et donc qu'il a compris l'alternance garde et famille.

L'assistante qui accueille doit apprendre à se mettre en retrait lors de la reprise de l'enfant, afin de privilégier les contacts parents-enfant. Elle doit également prévenir la maman des petits troubles comportementaux du bébé face à la séparation, lui demander de ne pas prolonger inutilement le moment de se quitter le matin, et de ne pas se précipiter sur le bébé le soir. Il est vrai que la maman est en manque de son enfant depuis plusieurs heures, qu'elle a envie de le prendre dans ses bras, de la câliner et de l'embrasser. Mais le tout-petit a perdu ses repères et ne comprend pas cette impatience. Il faut lui laisser le temps de retrouver sa mère.

Ainsi, bien préparé, l'enfant comprendra vite qu'il y a deux lieux, deux ou plusieurs personnes selon le mode de garde, deux modes de vie. Il n'est pas nécessaire que ceux-ci soient strictement identiques, mais complémentaires et en harmonie. L'acceptation de la garde se fera à partir de la bonne assimilation par l'enfant de ces changements. L'acceptation de la personne qui accueille se fera lorsqu'il comprendra qu'elle sait répondre à ses besoins et qu'elle éprouve du plaisir à les satisfaire, qu'elle est heureuse d'entrer en contact avec lui, de le stimuler pour progresser, et ceci dans un climat de calme et de confiance entre les adultes.

Savoir observer

Réflexion sur l'observation

L'observation de l'enfant est un outil de connaissance qui permet d'analyser et de comprendre certains comportements. Elle demande un recul par rapport au travail quotidien, elle ne s'improvise pas ; elle doit être programmée, réfléchie. Elle nécessite méthode et analyse à partir d'un objectif préalable bien défini.

Ce n'est pas une compétence née. À la base, visuelle et auditive, l'observation ne devient efficace que si l'on adjoint une démarche mentale. Pour cela l'observateur doit se mettre en retrait de l'action. Regarder et écouter ne sont plus un but en soi mais un moyen au service d'un projet de compréhension. La prise de notes permet de matérialiser l'objectif de l'observation, elle oriente l'attention et permet l'étude ultérieure ou la transmission des informations recueillies.

Deux termes sont particulièrement liés à l'observation : la perception et l'attention.

- La perception est permanente. C'est elle qui permet au professionnel de la petite enfance d'être vigilant et adapté à l'environnement. C'est la base pratique. Utilisée seule elle n'est pas efficace car, dans ce cas, on note ce qui est le plus manifeste et donc soumis à une interprétation immédiate. Et cette interprétation peut varier selon la position, l'état affectif et l'expérience individuelle de l'observant.

- L'attention permet de focaliser la perception sur un point précis. Dans ce cas, on arrête d'agir. Regarder et écouter deviennent prioritaires. Le cerveau prend le temps de mémoriser certains points observés.

En résumé, nous dirons que l'observation doit être :

– objective, c'est-à-dire étayée par des données, par des faits ;

– neutre, c'est-à-dire sans implication personnelle de l'observant.

Et qu'elle ne doit pas être :

– superficielle, c'est-à-dire qu'on ne doit pas se contenter d'une observation fugitive ou ne comportant qu'un seul élément ;

– guidée, c'est-à-dire que l'observant ne doit pas s'impliquer dans l'action qui est l'objet de l'observation.

Ressemblant à une enquête pour pouvoir collecter le maximum d'informations, elle doit permettre de mieux connaître l'enfant sans pour cela le « ficher » ni porter de jugement.

Comprendre les manifestations des bébés et savoir y répondre

Les bébés ont besoin d'aide pour survivre et vont chercher à entrer en contact avec l'adulte qui en a la charge, pour obtenir la satisfaction de leurs besoins. Ils vont manifester des comportements différents et l'on aura alors tendance à mettre une étiquette sur chaque enfant : facile, difficile, coléreux, têtu, méchant, insupportable, etc., ce qui est une erreur fondamentale, car le caractère du bébé se modèle au fil des jours en fonction des réponses qu'il reçoit à ses demandes :

– si l'adulte se montre disponible, cherche à comprendre l'enfant et se sent compétent, la relation sera harmonieuse car l'enfant se sentira compris ;

– si l'adulte ne cherche pas à comprendre, doute de lui et se dévalorise, la relation sera difficile car l'enfant, n'obtenant pas de réponse à son problème, continuera à manifester son désarroi.

Les pleurs des bébés sont le premier mode de communication

- Les premières manifestations du bébé sont essentiellement des pleurs. Il pleure parce qu'il ressent une douleur, une tension ou un état de malaise. Il ne pleure jamais pour rien. À défaut de le soulager immédiatement, il faut lui faire comprendre, par des gestes et des mots, que l'on est avec lui et que l'on va s'occuper de son problème. S'il n'obtient pas cette réponse, son malaise sera accru car il se sentira abandonné. Il faut donc bannir, supprimer les phrases telles que : Laissez-le pleurer, il finira par se fatiguer ou par comprendre (on se demande quoi !). Ou : Ne le prenez pas sans arrêt dans vos bras, il va devenir capricieux !
  Le petit enfant est totalement dépendant de l'adulte et, à ce titre, celui-ci doit se mobiliser pour faire tout pour lui. Ce n'est nullement le moment de le « dresser » ou de l'entraîner à supporter des frustrations.
- On comprend qu'il soit difficile d'interpréter les pleurs des bébés. Ce qu'une maman fera d'une manière presque instinctive, parce qu'elle aura appris à connaître son enfant, posera problème à l'assistante maternelle dans les premiers temps du placement. Ce ne sera que par une observation attentive des rythmes et des habitudes de l'enfant que vous comprendrez les demandes de l'enfant et saurez adapter vos réponses.

Pourquoi pleurent-ils et que peut-on faire ?

Voici les principales raisons des pleurs des nourrissons :

- La faim ou la soif : du cri plaintif jusqu'à l'accès de rage si on ne le satisfait pas rapidement. Il est important au début de se renseigner auprès des parents pour connaître le rythme alimentaire de l'enfant. Essayez de respecter ce rythme pour ne pas perturber le bébé dans ses habitudes, mais n'imposez pas d'horaires stricts.

> ➢ S'il pleure parce qu'il a faim, à vous de vérifier si sa demande correspond à un horaire – même approximatif – de repas, et proposez-lui à manger : biberon ou nourriture solide selon l'âge.

Il se peut que l'enfant pleure non pas de faim mais de soif : on n'y pense pas souvent, mais la sécheresse des appartements chauffés, le manque de boisson dans et hors alimentation, la maladie et principalement la fièvre accentuent la sensation de soif.

➢ Proposez à boire au bébé : de l'eau minérale ou de source entre ses biberons ou du jus de fruits non sucré (mais pas après le goûter car la vitamine C contenue dans les fruits a un pouvoir excitant). N'oubliez pas de donner à boire pendant les repas pris à la cuillère. Augmentez les quantités s'il fait très chaud ou si l'enfant a de la fièvre.

- La gêne ou l'inconfort : pleurs et cris plaintifs qui traduisent l'état de malaise dû à une position inconfortable, à une sensation de froid ou de chaud, à des irritations dues aux souillures. Certains enfants peuvent être gênés également par un « rot coincé », s'ils ont été couchés trop tôt après le repas, même s'ils ont déjà évacué de l'air par une éructation (rot).
  Il faut être attentif à l'enfant : rappelez-vous que le petit bébé ne peut, durant ses premiers mois de vie, se mouvoir par lui-même, et que ses pleurs peuvent signifier son inconfort.

➢ Changez-le de position (mettez-le sur le dos, sur le ventre, en position semi-assise, etc.) ou, selon le cas, essayez de lui faire faire un rot : il est conseillé de le maintenir en position verticale. Adaptez son habillement à la température de la pièce. Soyez souple face au problème des changes : tout comme dans l'alimentation, il ne peut être question d'horaires stricts, fixés arbitrairement par l'adulte. Vous devez rapidement changer les couches d'un enfant souillé.

- La fatigue : du pleurnichement aux gros sanglots prouvant la difficulté à s'apaiser et à s'endormir.

➢ Prenez le bébé dans vos bras, bercez-le doucement, chantonnez pour établir une atmosphère calme et détendue. Aidez l'enfant plus grand à s'endormir en votre présence : caressez-lui la joue, parlez-lui ou chantez-lui des comptines.

- L'angoisse : pleurs en présence d'une situation qui perturbe sur le plan psychologique (peur de l'abandon, de la solitude) ou en souvenir d'une situation agressive ou douloureuse.

➢ Soyez attentive dans les premières semaines de placement au sentiment d'abandon que peut ressentir le bébé. Montrez-vous compréhensive et chaleureuse : parlez-lui, faites-lui des câlins.

- La colère : des pleurnichements aux cris de rage devant une situation qui le bloque ou qui l'agresse.

> ➢ Essayez de comprendre ce qui perturbe le bébé, montrez-vous patiente.

- La douleur : des cris aigus et violents, accompagnés de modifications de l'attitude du corps (position recroquevillée), du comportement (prostration ou agitation) ou de signes locaux (démangeaisons ou frottements).

> ➢ Montrez-vous compréhensive et chaleureuse. Observez attentivement l'enfant, et si ces signes vous semblent évidents (après avoir vérifié qu'il ne s'agit pas de faim, de position inconfortable ou même d'une poussée dentaire, qui peut être très douloureuse mais qui est sans gravité), vous devez avertir la famille de l'enfant pour demander une éventuelle consultation médicale ou un transport en service hospitalier, selon l'urgence (les signes cités ci-dessus pouvant traduire un syndrome méningé, une otite, etc. : voir « fichier alphabétique des maladies »).
> **Ne donnez vous-même aucun médicament**. Rassurez le bébé en attendant l'arrivée de la maman ou du médecin.

Chez l'enfant plus grand, les pleurs ne sont plus le seul mode de communication. Il a acquis une certaine autonomie motrice et intellectuelle qui lui permet de faire face seul à certaines situations. Il a également développé son vocabulaire, ce qui lui permet de verbaliser son problème et sa demande d'aide. Néanmoins, par son comportement émotionnel encore immature, il réagira quelquefois aux frustrations par des pleurs, qui viennent d'être évoqués, ou par des cris, de la colère, voire de l'agressivité.

La prise en charge quotidienne de l'enfant au domicile de l'assistante maternelle

Attitude de l'assistante maternelle dans les soins

Tout au long de la journée vous allez vous mobiliser pour prendre en charge le petit enfant confié. Vont s'alterner des actions et des soins tels que les repas, le sommeil, les soins corporels, la participation aux activités d'éveil qui rythment sa journée de garde.

Au-delà de la technicité de vos gestes doit s'allier la communication qui humanise toute relation.

Il faut lui parler en le regardant dans les yeux, donc à sa hauteur, et lui expliquer ce que l'on fait pour lui. Ainsi vont s'établir entre vous deux des relations privilégiées, assurant à l'enfant la sécurité affective et la satisfaction de ses besoins physiques et psychiques indispensables à son bon développement.

LES SOINS JOURNALIERS

▶ Manger

L'assistante maternelle a un rôle important dans l'alimentation de l'enfant. En fonction de l'âge de celui-ci, et en accord avec les parents, elle mettra en place un plan alimentaire personnalisé.

a. L'alimentation lactée

Actuellement, on préconise une alimentation strictement lactée pendant les six premiers mois de vie. Seront utilisés des laits infantiles dit de premier âge, rigoureusement contrôlés pour garantir leurs qualités nutritionnelles et sanitaires. On utilisera ensuite des laits de deuxième âge de 6 à 12 mois, puis des laits de croissance de 1 à 3 ans. Pour les formules en poudre, ils se reconstituent avec une eau non minéralisée à raison d'une cuillère-doseur pour 30 g d'eau.

Il existe des laits aux propriétés particulières, à n'utiliser que sur prescription médicale :

– les laits antirejets AR épaissis : ils limitent les régurgitations ;

– les laits hypoallergéniques HA : conseillés aux enfants ayant un terrain allergique ;

– les laits ou préparations de régime à base de soja : pour les cas d'intolérance aux protéines de lait de vache.

La quantité par biberon et par jour est fixée par le médecin de l'enfant, en fonction de son âge et de sa courbe de croissance. Sachez que le bébé mange selon ses besoins, donc respectez son appétit. La température du biberon à donner se discute. Beaucoup de personnes préconisent de le donner à température ambiante. Si vous le faites chauffer agitez bien le contenu et testez la chaleur sur votre main. Le nettoyage doit être méticuleux → lavage et rinçage.

Conseils

– Jetez un biberon non terminé ;

– conservez le lait liquide après ouverture 48 h dans la zone froide du réfrigérateur ;

– évitez les manipulations de la cuillère-doseur si elle doit être rangée dans la poudre de lait ; lavez, rincez et essuyez.

Tableau récapitulatif

– Lait premier âge : préparation pour nourrisson de la naissance jusqu'à 6 mois ;

– lait deuxième âge : préparation de suite de 6 à 12 mois, en relais du lait premier âge ;

– lait de croissance : aliment lacté destiné aux enfants de 1 à 3 ans, en relais du lait de suite.

b. Diversification

À partir du 6e mois, et en tout cas pas avant la fin du 4e mois ; elle consiste à donner à l'enfant d'autres aliments que le lait. À chacun son rythme, tous les bébés sont différents. Certains sont contents de découvrir de nouveaux aliments, d'autres les refusent. Patience, nous ne sommes pas à quelques jours près !

Il faut respecter les goûts et les préférences de chaque enfant. C'est la meilleure manière d'éviter l'opposition systématique. Il refuse l'aliment nouveau ? N'insistez pas et reproposez-le lui quelques jours plus tard.

Ce n'est pas toujours facile de passer du liquide au solide. Les bébés n'aiment pas changer leurs petites habitudes. Il faut l'habituer progressivement aux nouvelles textures. D'autant plus que le matériel d'alimentation change aussi : passer de la tétine à la petite cuillère doit se faire doucement. N'introduisez qu'un changement à la fois : pas de carottes à la cuillère si l'enfant ne connaît ni les carottes, ni la cuillère ! Le rythme alimentaire va se modifier, en passant de 6 à 5 repas puis de 5 à 4 repas ; donc moins de repas = plus de quantité.

Il n'y a pas de règle concernant les introductions de nouveaux aliments. Certains commencent par le salé, d'autres par le sucré. Aussi ai-je décidé de faire une étude par catégorie d'aliments :

- Le lait

  Il reste l'aliment de base au moins 500 ml par jour. Prévoir un lait deuxième âge. Le lait peut être remplacé par du yaourt ou du fromage blanc, mais prévoyez de les acheter en « laitages destinés aux enfants en bas âge ».

- Les légumes

  Haricots verts, carottes, courgettes sans pépins, épinards, blanc de poireau.

  Cuits à l'eau ou à la vapeur sans ajout de sel, puis mixés.

  À présenter à la petite cuillère puis selon l'appétit de l'enfant, complétés par un biberon de lait, ou bien donnés sous forme de bouillon de légumes au biberon, dans lequel on maintiendra quelques cuillères-doseurs de lait.

  <u>Conseils</u> : prévoir une tétine deuxième âge à fente élargie. Éviter les légumes riches en fibre.

- Les fruits présentés en compote, sans ajout de sucre, ou bien en petits pots infantiles, puis crus ou cuits écrasés (poire, fraise, pèche, banane, etc.).

- La viande, les œufs, le poisson

Bon à savoir :

- 1 seul élément par jour ;
- équivalence des quantités entre 6 et 8 mois ;
- 10 g de viande = 2 cuillères à café = 1/4 œuf dur ;
- un pot de légumes-viande contient 10-15 g de viande ou de poisson ;
- les viandes maigres : jambon, veau, dinde et poulet ;
- les poissons gras, maigres, frais ou surgelés (sauf poissons panés) ;
- les œufs sont cuits durs, puis les jaunes sont mixés ou écrasés.

- Les féculents

  On ne donne pratiquement plus de farines infantiles qui déséquilibraient les apports nutritifs, mais si vous les utilisez pour épaissir le biberon d'un « petit mangeur », veillez à utiliser des farines sans gluten.

  Les pâtes, le pain, la semoule et les biscuits seront donnés après 8 mois.

  La pomme de terre est mélangée aux autres légumes dont elle adoucit le goût.

- Les matières grasses

  Huile de colza, d'olive et de tournesol.

  Une cuillère à café à chaque repas, de même pour le beurre.

  Attention : pas de friture.

- Les boissons

  De l'eau !

Les jus de fruits, autrefois donnés en complément des biberons de lait, ne sont plus utiles car les laits actuels sont enrichis en vitamines et minéraux.

Au-delà d'un an, l'enfant a une alimentation tout à fait diversifiée. Les quantités vont augmenter. Le lait deuxième âge sera remplacé par un lait de croissance. Le rythme alimentaire se répartit sur quatre repas : petit déjeuner – déjeuner – goûter – dîner. Il faut veiller à ne pas céder à la tentation du grignotage entre les repas, même en cas de repas incomplet.

Exemple de repas diversifiés après un an

Midi	Légumes verts Pain 1/2 œuf 1 c. à café de beurre 1 yaourt ou du fromage blanc	ou	Crudités 1 c. à café d'huile Pâtes 30 g ou 4 c. à café de viande ou poisson 1 fruit à croquer
Goûter	1 portion de fromage 1 tartine de pain 1 fruit	ou	250 ml de lait au biberon 1 compote

Quelques équivalences

125 ml de lait = 1 yaourt = 100 g de fromage blanc = 2 ou 3 petits suisses = 30 g de fromage

100 g de viande = 100 g de poisson = 100 g de foie = 2 œufs

100 g de pommes de terre = 25 g riz, pâtes, semoules* = 25 g farine, 25 g de légumes secs*

125 g de petits pois = 35 g de pain

* poids avant cuisson.

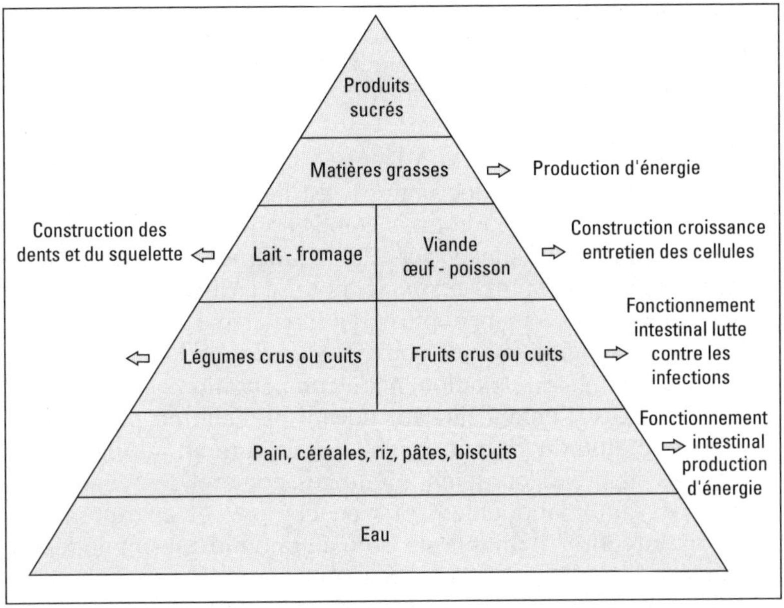

Figure 10. L'alimentation équilibrée

c. Troubles de l'alimentation

D'origine métabolique

- Les intolérances
  ex. : aux protéines du lait de vache.
  Remplacement du lait par un gluten.
  Pas de farine avant 6 mois.

- Les allergies
  ex. : à l'arachide, aux œufs, aux fruits à coque (noix, amandes, pistaches, noisettes, etc.), aux fruits tropicaux (kiwi, litchi, avocat, etc.).
  Diversification après 6 mois et introduction des aliments un par un.

S'assurer du risque familial lors de la signature du contrat d'accueil. Connaître les gestes d'urgence et l'appel au secours SAMU en cas de crise d'évolution rapide ou violente.

D'origine psychique

- Connaître une anorexie réactionnelle du deuxième trimestre de vie et la néophobie alimentaire des 2-6 ans.
- Le manque d'appétit.
  L'appétit varie d'un enfant à l'autre, d'une période à une autre, d'une circonstance à une autre. Il est lié au plaisir de manger. Nourrir un enfant, ce n'est pas établir un rapport de force, c'est être heureuse de partager avec lui ce moment, agréable par la satisfaction de sa faim, et essentiel pour sa croissance.
  Ne jamais forcer à manger plus qu'il n'en a envie.
  Ne pas se fâcher ni faire de commentaire devant lui.
  Pas de punition, de privation, ni de compensation.
  Vers 18 mois, l'enfant devient négatif et s'affirme par le NON. C'est une attitude globale, mais la nourriture en fait également les frais. Il prend conscience que ses goûts et ses dégoûts ne sont pas automatiquement pris en compte, et en refusant ce qu'on lui offre, il manifeste son autonomie et son indépendance.
  Apprendre à se nourrir avec plaisir et convivialité est une des réussites de l'éducation, mais l'assistante maternelle doit avoir en tête que, bien qu'influençable et soumis à des impératifs de diverses natures, l'appétit reste une affaire très personnelle.

d. L'attitude de l'assistante maternelle pendant les repas

- Chaque petit enfant a un rythme biologique propre, qui est celui qui a été fixé par sa mère. Il ne faut donc pas modifier brutalement ses habitudes. Il faut également faire preuve de respect envers cet enfant : le réveiller pour l'alimenter est aussi aberrant que de le laisser pleurer pendant trois quarts d'heure, en attendant le prochain repas.
- Le bébé a besoin de sucer autant que de remplir son estomac. Un biberon donné trop rapidement ne satisfait pas le besoin de succion de l'enfant, qui cherche à téter et qui pleure pour traduire son malaise. Prenez le temps nécessaire pour donner le biberon.
- Il a besoin de contact humain. Encore faut-il que ces contacts soient réels et appuyés par la communication. L'enfant en stade 1 et 2 doit être alimenté dans vos bras. Vous devez vous montrer

disponible pour lui dans ces moments-là, donc bannir les conversations avec d'autres personnes et la télévision, et établir un climat calme et chaleureux.

- On a vu que la diversification de l'alimentation est rapide. L'introduction de nouveaux aliments peut poser des problèmes d'acceptation par l'enfant. Passer du biberon de lait tiède que l'on tète à la compote de fruits froide et donnée à la petite cuillère est une étape qui ne se franchit pas facilement. Il faudra vous montrer patiente et tolérante. Un petit enfant qui refuse la nouveauté ne sera pas l'objet de chantage ou de privation. Il faut considérer que c'est un apprentissage, que cela va demander du temps et que l'enfant, en tant que personne, a le droit d'avoir des goûts et des dégoûts.

- Sur le plan de la technicité, l'enfant qui essaie de s'alimenter seul est souvent en difficulté. Il ne sait pas maîtriser l'utilisation de la petite cuillère et, bien souvent, prend la nourriture avec ses mains. Cette attitude est normale car c'est par le contact que l'enfant comprend la différence entre le chaud et le froid, le lisse et le grumeleux. Il ne faut pas avoir d'attitudes punitives comme utiliser la tape sur la main ou prononcer des paroles vexatoires « quel cochon ! » ou incongrues « touche pas à ça, c'est sale ! ». L'utilisation de la cuillère est délicate pour l'enfant, qui ne sait pas la tenir dans le bon sens – la nourriture retombe dans l'assiette –, et qui ne sait pas tourner son poignet pour la diriger vers sa bouche – il attrape la nourriture par le côté de la cuillère et se salit beaucoup. Là aussi, il faut considérer que c'est un apprentissage.

- Enfin, vous devez participer à l'éducation de l'enfant, en nommant les aliments et les instruments qui servent à s'alimenter, en servant ces aliments les uns après les autres, pour que l'enfant puisse en découvrir les goûts et les caractéristiques. Vous devez également participer à sa socialisation : lui apprendre à attendre son tour, à partager son repas avec les autres, à avoir une position correcte à table, etc. Et vous devez également participer à son éducation sur le plan hygiénique : lui apprendre à se laver les mains avant les repas, à se laver le visage et les mains après le repas et, pourquoi pas, également à se rincer la bouche ou à se brosser les dents.

Repères d'introduction des aliments chez l'enfant de 0 a 3 ans (hors pathologie particulière)

Indication de l'âge : le 5e mois, par exemple, débute à la fin du 4e mois révolu. La fin du 5e mois correspond à 5 mois révolus

Pas de consommation
Début de consommation possible
Début de consommation recommandée

	1er mois	2e mois	3e mois	4e mois	5e mois	6e mois	7e mois	8e mois	9e mois	10e mois	11e mois	12e mois	2e année	3e année
Lait	Lait maternel exclusif ou Lait 1er âge exclusif				Lait maternel ou Lait 1er ou 2e âge								Lait 2e âge ou croissance	
Produits laitiers						Yaourt ou Fromage blanc nature							Fromages	
Fruits					Tous : très mûrs ou			Cuits, mixés ; texture homogène, lisse ; crus, écrasés*					En morceaux, à croquer*	
Légumes					Tous : purée, lisse				Petits morceaux*				Écrasés, morceaux*	
Pomme de terre					Purée						Lisse petits morceaux*			
Légumes secs													15-18 mois en purée*	
Farines infantilles (céréales)					Sans gluten						Avec gluten			
Pain, produits céréaliers									Pains, pâtes fines, semoule, riz*					
Viandes, poissons					Tous** : mixés		10 g/j (2 cc)			Hachés : 20 g/j (4 cc)			30 g/j (6 cc)	
Œufs							1/4 (dur)				1/3 (dur)			
M.G. ajoutées								Huile (olive, colza…) ou beurre (1 cc d'huile ou 1 noisette de beurre au repas)						
Boisson	Eau pure : proposer en cas de fièvre ou de forte chaleur										Eau pure			
Sel													Peu pendant la cuisson ; ne pas resaler à table.	
Produits sucrés***										Sans urgence ; à limiter				

*À adapter en fonction de la capacité de mastication et de déglutition et de la tolérance digestive de l'enfant
** Limiter les charcuteries, sauf le jambon blanc
*** Biscuits, bonbons, crèmes dessert, desserts lactés, chocolats, boissons sucrées, confiture, miel…

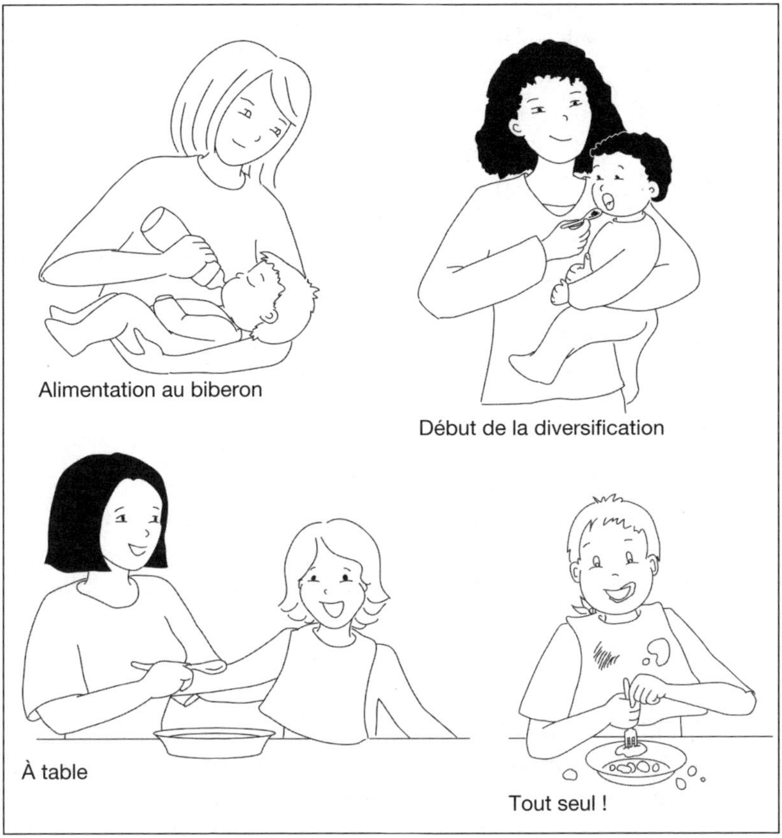

Figure 11. Alimentation

▶ Dormir

a. Études des cycles du sommeil

Un cycle du sommeil est constitué par une période de sommeil lent et une période de sommeil paradoxal.

- <u>Le sommeil lent ou calme</u>

  Il est composé de 4 stades :

  – Stade 1 : sommeil léger. Période pendant laquelle on est somnolent, le corps se relaxe, le cerveau est encore actif et l'individu réagit aux bruits qui l'entourent.

– Stade 2 : sommeil lent. Période où la respiration se fait plus profonde, le rythme cardiaque est lent et stable. Le cerveau est de moins en moins actif.

– Stade 3. Période où l'on s'enfonce dans le sommeil mais le cerveau peut encore réagir à un stimulus habituel.

– Stade 4 : sommeil profond. C'est la période de l'inactivité cérébrale, avec relaxation musculaire.

C'est au cours du sommeil lent que sont sécrétées les différentes hormones, principalement l'hormone de croissance.

- Le sommeil paradoxal ou agité
  Le cerveau est en activité mais de façon irrationnelle : on rêve. Les rythmes cardiaques et respiratoires sont irréguliers, les muscles sont détendus.

Ainsi, au cours du sommeil, on alterne les deux cycles de sommeil. La durée en est d'autant plus courte que le sujet est jeune.

Ainsi, un nourrisson de moins de 6 mois dormira 15 heures, puis seulement 13 vers 1 an, pour atteindre 6-8 heures à l'âge adulte.

b. Les siestes

- Chez l'enfant de moins de 18 mois
  Les cycles de sommeil se mettent en place progressivement, pour atteindre leur maturité vers 6 mois. C'est également vers 6 mois que se mettent en place les rythmes circadiens*.
  *Règlent l'alternance des fonctions biologiques, la température, le rythme cardiaque, les sécrétions hormonales.

  Les besoins de l'enfant durant cette tranche d'âge :

  – 3 à 4 siestes par jour vers 6 mois ;

  – 2 siestes vers 1 an ;

  – 1 seule sieste après 18 mois.

- Chez l'enfant de plus de 18 mois
  Le sommeil nocturne se stabilise autour de 12 puis de 10 heures. La sieste est plus ou moins longue selon le besoin de l'enfant, mais sera maintenue jusqu'à 3 ou 4 ans.

La fonction fondamentale du sommeil est de permettre la capacité réparatrice de l'organisme. Mais c'est aussi l'acquisition et la rétention des connaissances.

c. Attitude de l'assistante maternelle

Chaque enfant a son propre rythme biologique. Mais accepter d'aller se coucher, c'est accepter de se retrouver seul et laisser ce qu'il aime. Par une observation attentive de l'enfant, on sait reconnaître les signes émis par celui qui a besoin de dormir : yeux brillants, bâillements, air triste, apathie ou excitation, prise du pouce ou de la sucette... Biologiquement, c'est un cycle qui commence.

- Ne pas saisir ce moment, c'est comme rater le départ d'un train.
- Certains enfants ont besoin d'une sorte de cérémonial avant d'accepter d'aller se coucher. Connaître ce rituel et le respecter, c'est respecter l'enfant. Plonger l'enfant dans la pénombre n'est pas indispensable. L'aider à dormir en mettant une musique peut jouer contre l'apaisement recherché ; par contre, la voix humaine et les berceuses constituent une aide précieuse à l'endormissement. L'utilisation d'un mobile peut maintenir les sens (vue, ouïe) en éveil.
- Favoriser l'endormissement, c'est veiller à ce qu'aucun bruit extérieur ne vienne connecter le cerveau pendant le glissement vers les stades 1 et 2 du sommeil lent ou calme. Les jouets sont également une perturbation lorsqu'ils sont trop nombreux autour de l'enfant dans son lit.
- Privilégier le jouet préféré de l'enfant ou doudou.

La présence de l'adulte, indépendamment de l'obligation de surveillance, est rassurante. Une position calme, presque assoupie, assise, voire étendue favorise la confiance de l'enfant et l'encourage à s'abandonner au sommeil.

Elle sert aussi à apaiser l'inquiétude d'un enfant réveillé « trop vite ».

Un geste qui berce, une caresse peuvent permettre de retrouver la sérénité nécessaire à un « rendormissement ».

Lorsqu'un enfant dort « moins bien » qu'auparavant, c'est à l'adulte qui en a la charge d'essayer de comprendre la situation. Les enfants, comme les adultes, ont leurs ennuis, leurs inquiétudes et anxiétés, leurs interrogations et leurs souffrances.

L'interrogatoire de l'entourage peut être un terrain de recherche, mais il ne faut pas oublier le terrain de travail : il se peut qu'au sein même de son mode de garde, quelque chose inquiète l'enfant.

Le temps de sieste est souvent ressenti comme une période de tranquillité par l'adulte. Ceci peut être interprété par l'enfant comme un moment de rejet, voire d'abandon.

L'expression maladroite de l'adulte peut être la cause de fâcheux malentendus, qu'il faudrait reprendre en lui expliquant que c'est un moment nécessaire, bénéfique, confortable et, que, pendant ce temps, on ne le quitte pas et que l'on continue à veiller sur lui.

Quelques conseils pratiques

- Le lit est l'instrument du sommeil et doit être respecté en tant que tel, c'est-à-dire qu'il ne faut surtout pas avoir une attitude ou un vocabulaire qui pourrait faire du lit un instrument de punition. Ex. : si tu n'es pas sage, je te mets au lit !
- L'ensemble du personnel médical préconise un couchage sur le dos (prévention de la mort subite du nourrisson, voir ce point). Ce couchage se fera sur un matelas ferme sans oreiller ni drap, ni couverture ou couette. Aucun moyen de contention (immobilisation par des moyens forcés) ne doit être utilisé. La turbulette est pratique.

Figure 12. La turbulette

- Ne bougez pas un bébé qui vient de s'endormir dans les 20-30 min qui suivent son endormissement, même si sa position vous paraît inadéquate ou inconfortable. Attendez, pour le déplacer, qu'il soit en période de sommeil profond. Ne le réveillez pas brusquement, car cela entraîne stress et pleurs. Si possible attendez qu'il soit en phase de réveil et procédez avec beaucoup de douceur.

- Les troubles du sommeil apparaissent quelquefois lorsqu'il y a une mauvaise hygiène de vie : horaires tardifs ou irréguliers, promiscuité, bruit, hyperactivité ou excitations multiples liées à la vie familiale. Mais on peut les rencontrer également dans les perturbations psychologiques telles que conflit affectif, jalousie, problème de séparation ou de placement de l'enfant.
  Il vous faudra être attentive à tous ces points.

Être propre et avoir une bonne hygiène de vie

a. Hygiène corporelle

Dans l'hygiène corporelle entrent les bains, douches, toilettes journalières, les changes réguliers, le lavage des mains et du visage, le brossage des dents, les soins des ongles et des cheveux, etc., donc un très grand éventail de soins.

- La plupart du temps, le bain ou la toilette sont à la charge des parents, l'enfant devant arriver propre chez vous. Mais il est possible de discuter de ce point à l'occasion de la signature du contrat d'accueil. Les soins de propreté dans la journée sont de votre responsabilité et l'enfant doit être rendu propre à ses parents.
- Pour les changes, ils devront être effectués dès que l'enfant s'est souillé et non à heure fixe. Pour les autres soins, ils interviendront à différents moments de la journée. Ex. : Lavage des mains avant les repas, brossage des dents après les repas, coiffage des cheveux au lever de la sieste, etc.
- Il n'existe pas de méthode, de technique ou de produits particuliers à nommer ici, chacune d'entre vous ayant ses propres méthodes et habitudes. Mais il est important de souligner que vous devez être attentif à la sécurité de l'enfant pendant les soins.

Votre rôle dans l'hygiène corporelle

- Montrez-vous disponible envers l'enfant, ayez le désir de communiquer avec lui, manifestez de la douceur dans vos gestes (c'est grâce à une relation privilégiée entre l'adulte et l'enfant que vont passer les principes éducatifs).

- Le soin ne doit pas être un acte mécanique ni l'enfant considéré comme un objet que l'on manipule. Il n'est pas question ici de technicité mais de relation avec un être qui sent, observe, comprend et enregistre, même tout petit. Si le soin est expliqué à l'enfant, il ne subira pas passivement et acceptera d'y participer. Pour cela, il faut parler à l'enfant, dans un vocabulaire simple et compréhensible pour lui.
  Ex. : Oh, tu as fait caca dans ta couche, je vais nettoyer tes fesses avec un gant et du savon, et je te mettrai une couche propre.
- Il faut bannir toute attitude ou tout commentaire vexatoire du type : bah, que tu es sale et que tu sens mauvais, regarde-moi ça, il y en a partout ! Qu'y peut l'enfant ? Ces idées sont inculquées par l'adulte. Il faut donc faire attention à ses paroles.

Il est à noter que certaines personnes ont du mal à nommer les parties intimes de l'enfant. Peu importe le terme employé zizi, minette, etc., le principal, c'est que l'enfant comprenne que l'on parle d'une partie de son corps dont il n'a pas à avoir honte.

Un dernier point à préciser : éviter la confusion entre la notion de propreté et la maîtrise des sphincters et des fonctions d'excrétion.

b. Gestion du vestiaire

Le choix est limité car l'enfant est habillé par ses parents. Mais vous pouvez discuter avec eux de la possibilité d'obtenir une valise contenant des vêtements pratiques, dont vous assurerez vous-même l'entretien. Ex. : Change de sous-vêtements, vêtements souples pour les activités motrices, pulls, bonnet et écharpe pour la saison froide, etc.

Vous avez dû constater combien il était difficile, pour une petite fille, de marcher à quatre pattes lorsqu'elle est habillée d'une jolie robe, ou bien combien il était désagréable d'avoir le ventre à l'air lorsqu'on porte un jean sans bretelles ! Parlez-en avec les parents et insistez sur le côté pratique du vêtement. Faites attention également au problème des chaussures, qui doivent être bien adaptées aux pieds de l'enfant pour les maintenir et les protéger.

c. Hygiène de vie

L'enfant devra vivre dans un appartement salubre répondant aux normes de sécurité et correctement entretenu. Il devra avoir un espace pour dormir, situé à l'écart des nuisances sonores et de l'agitation, dans une pièce modérément chauffée (18° ou 20 °C maximum), correctement humidifiée et régulièrement aérée.

Il faut éviter de faire vivre l'enfant dans une atmosphère enfumée, donc lutter contre le tabagisme pour vous-même et les membres de votre famille.

Cet enfant devra être sorti à l'aide d'un mode de transport adapté à son âge et à son développement : sac kangourou, landau, poussette, etc. (à demander aux parents). À partir de 18 mois, il pourra être tenu par la main pour de courtes promenades. Faites toujours très attention à la sécurité de l'enfant à l'extérieur.

▶ Jouer

Le jeu est l'instrument par lequel l'enfant va s'assurer une prise sur le monde. Grâce à lui, il peut développer sa motricité, son intelligence, son affectivité, sa créativité, sa sociabilité, surmonter ses angoisses. Le jeu va donc contribuer à l'épanouissement de tous les aspects de la personnalité de l'enfant. Mais pour être efficace, il faut que le jouet soit adapté aux étapes du développement psychomoteur de l'enfant.

a. Étude par tranche d'âge

Reprenons notre étude par stades d'évolution :

Stade 1 : de 0 à 3 mois

L'enfant est statique, le plus souvent dans son lit, en position dorsale, ou bien mis en position ventrale sur le sol ou en position semi-relevée, dans un siège spécial, pour de courtes périodes.

- Il faut privilégier les jeux sensoriels :
  - les objets de couleur vive ou brillante posés près de l'enfant ;
  - les mobiles suspendus au-dessus du lit ;
  - les boîtes à musique ;
  - les mobiles musicaux.

Puis plus tard, proposer des jeux de motricité pour les bras, fixés au montant du lit :

- bouliers simples ou musicaux ;
- portiques de lit.

Figure 13. Les jeux de 0 à 3 mois.

Stade 2 : de 3 à 9 mois

Stade de motricité globale et gestuelle, stade de la découverte, de l'éveil, de l'oralité…

- Privilégier les jeux de motricité proposés à l'enfant allongé sur le sol, en position ventrale ou dorsale, c'est-à-dire tout ce qui peut l'aider à bouger, se retourner, se déplacer, s'asseoir :

- portiques d'activité posés sur le sol ;
- objets suspendus à frapper ou à saisir ;
- culbutos ou hochets-ventouses ;
- petites voitures ;
- ballon en mousse.

• Proposer des activités gestuelles :
- cubes à saisir ;
- gros anneaux ;
- boîtes de tous styles (par ex. : « conditionnement alimentaires ») ;
- objets à manipuler en tissu, en peluche, en caoutchouc ;
- tableaux d'éveil ;

• Favoriser l'éveil :
- tapis de découverte à explorer ;
- tapis à caresser ;
- sacs à manipuler, bien clos pour la sécurité, contenant des graines alimentaires de différentes grosseurs ;
- sacs à odeur contenant des substances odorantes ;
- des miroirs pour découvrir son visage ;
- des livres en tissu ou en carton indéchirable.

• Comprendre l'oralité :
- hochets à mordiller ;
- anneaux de dentition ;
- petits objets pouvant être sucés. Ex. : En caoutchouc, facile à nettoyer.

Stade 3 : de 9 à 18 mois

Stade de motricité, de manipulation, stade d'éveil relationnel et affectif.

• Privilégier encore les jeux moteurs :
- porteurs simples ;
- chariot de marche ;
- tricycles stables ;
- escaliers de 2 ou 3 marches ;
- jouets à pousser, à tirer ;
- animaux à bascule.

• Varier les jeux d'éveil :
- tableaux d'éveil à manipuler ;
- empilage de cubes, de briques en plastique ou en cartons ;

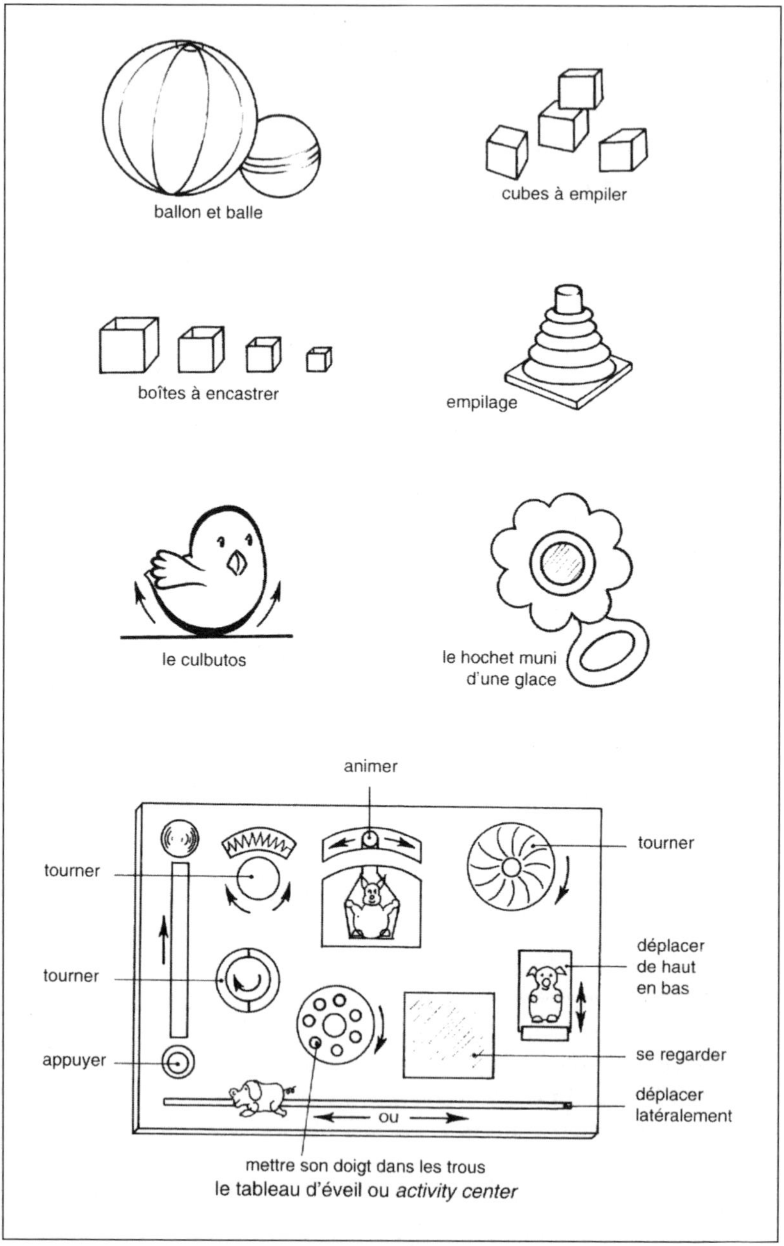

Figure 14. Les jeux de 9 à 18 mois

– emboîtement de type Clippo ou gros Lego ;
– boîtes à formes ;
– encastrements très simples ;
– grosses perles à emboîter ;
– gros anneaux à enfiler ou emmancher ;
– livres à regarder ;
– livres à déchirer, genre catalogue de vente par correspondance ;
– jeux d'eau ;
– jeux de transvasement ;
– jouets musicaux à frapper, à secouer.

- Proposer des jeux affectifs :
  – poupées ;
  – peluches.
- Proposer des activités copiées sur l'adulte :
  – téléphone ;
  – matériel de cuisine (sans risque).
- Proposer certaines activités artistiques :
  – gribouillage ;
  – peinture au doigt, au pied ;
  – musique, comptines mimées.

Stade 4 : de 18 mois à 3 ans

L'enfant s'intéresse à tout, est extrêmement vivant et remuant, et commence à s'intéresser aux activités d'éveil artistique et aux jeux relationnels.

- Encore privilégier les jeux moteurs :
  – tricycle ;
  – petit vélo à chaîne ;
  – jeux de ballon ;
  – objets à escalader (à l'extérieur) ;
  – jeux de plein air : toboggan, balançoire, cage à escalader, etc.
- Proposer des activités d'éveil :
  – lotos simples ;
  – puzzles simples ;
  – encastrements ;
  – activités musicales ;
  – activités d'expression corporelle ;
  – chansons mimées et petites comptines ;

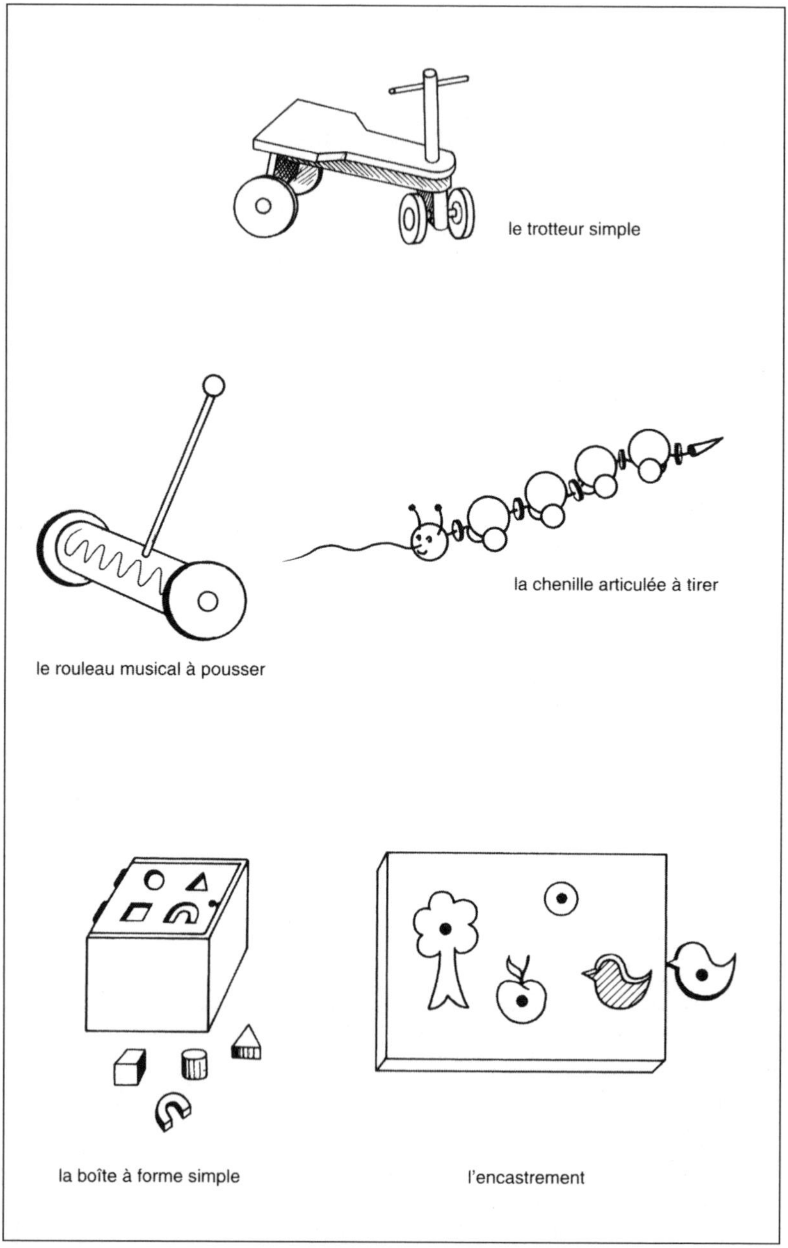

Figure 15. Les jeux de 18 mois à 3 ans

- marionnettes ;
- jeux de manipulation d'éléments : pâte à sel, pâtisserie, bac à sable ;
- activités artistiques : peinture, coloriage, dessin ;
- ateliers créatifs : perles, découpages ;
- coins jeux : coin poupée, coin garage, coin lecture, etc.

Figure 16. Les activités d'éveil de 18 mois à 3 ans

b. Rôle de l'assistante maternelle dans l'éveil par le jeu

C'est vous qui allez proposer le jeu ou l'activité, mais vous ne devrez pas en imposer un mode d'utilisation particulier. C'est à l'enfant de découvrir toutes les facettes du jeu ou du jouet.

Vous devrez être présente pour des raisons de sécurité, mais vous ne devrez pas rentrer dans le jeu avec l'enfant, sauf s'il le souhaite ou si cela s'impose. Il vous faut donc observer sans intervenir, ce qui n'est pas évident.

L'enfant choisissant lui-même l'activité qui l'intéresse, au milieu d'un éventail de possibilités, on comprend qu'il ne faille pas proposer trop de jeux en même temps – car l'enfant se disperserait – ni trop souvent les mêmes jeux – car l'enfant se lasserait. Une bonne formule à retenir : « la caisse à tout », contenant toutes sortes d'activités fréquemment renouvelées.

Enfin, il est important de savoir que la capacité d'attention des petits enfants de moins de 18 mois est courte (15 à 20 min), et que les enfants de moins de 3 ans jouent plus souvent en parallèle qu'entre eux.

Figure 17. Les activités d'éveil par le jeu

Être aimé

Le bébé a besoin de se sentir aimé pour se développer harmonieusement. Se sentant aimé, il acquerra confiance en vous et en lui-même. C'est ainsi qu'il grandira et deviendra autonome. Un bébé privé d'affection, donc d'attention, pleurera pour exprimer son malaise, mais ne recevant pas de réponse cessera, à terme, de communiquer et se repliera sur lui-même.

La notion d'amour est liée, dans un premier temps, à la satisfaction des besoins fondamentaux du bébé. Mais on a vu qu'elle passait aussi par la parole, la stimulation de l'adulte. Le bébé va établir des liens affectifs avec cette personne et, pour que cette relation soit stable et durable, il faut qu'elle s'inscrive dans la continuité et donc éviter tout changement.

Rappelons ici qu'aimer un enfant ce n'est pas le couvrir de baisers, ce n'est pas non plus lui laisser tout faire sous prétexte de ne pas freiner son développement, c'est lui offrir toutes les possibilités de s'épanouir dans une relation harmonieuse, c'est accepter qu'il progresse sur le plan moteur et qu'il s'éveille sur le plan intellectuel, c'est favoriser sa quête d'autonomie. C'est le respecter en tant qu'être humain et se persuader que le bébé est une personne, et qu'à ce titre il a des droits, tout comme nous.

Le lien qui unit l'enfant à ses parents est inaliénable et vous avez le devoir de l'entretenir, voire de le favoriser. Par contre, le lien qui vous unit à l'enfant peut se rompre de façon impromptue. Rappelez vous que vous êtes rétribuée pour une mission temporaire. Attention donc de ne pas chercher à remplacer la mère, ni d'avoir une attitude ou un vocabulaire montrant un trop grand investissement affectif dans l'enfant. Ce n'est pas le vôtre, c'est celui de ses parents.

La fonction de prévention et de sécurité de l'assistante maternelle

L'hygiène sert à préserver et conserver la santé. Elle est basée sur des principes et des pratiques indispensables à respecter lorsqu'on s'occupe de jeunes enfants. Les infections peuvent être transmises par des virus, des bactéries ou des parasites. Les transmissions se font par l'air ambiant ou par des objets souillés, manipulés par les enfants, par les mains de l'assistante maternelle ou par une nourriture contaminée.

Hygiène générale du domicile

L'entretien du domicile doit se faire en dehors des heures de présence des enfants accueillis. L'aération des pièces est indispensable pour renouveler l'air ambiant. Une attention particulière pour l'hygiène des locaux doit être apportée en cas de fumeurs. Ceux-ci doivent fumer à l'extérieur. La température de l'appartement sera maintenu à 20 °C. Les sols et revêtement muraux doivent être facilement lavable, les rideaux et doubles rideaux régulièrement lavés.

Le balayage humide est préférable pour éviter la dispersion de la poussière. La cuisine et la salle de bain sont deux pièces nécessitant des mesures d'hygiène « stricte ». Les poubelles doivent être vidées et nettoyées, les surfaces de travail lavées avec un produit désinfectant, les sanitaires désinfectés avec une solution d'eau javellisée. Le mobilier de puériculture et les jouets seront également régulièrement nettoyés.

Deux remarques

– Les produits utilisés pour les nettoyages et les désinfections doivent être enfermés dans des placards inviolables par les enfants ou maintenus en hauteur, hors de leur portée.

– La présence d'animaux au domicile de l'assistante maternelle doit être discutée avec les parents, et faire l'objet d'une autorisation des services de PMI et d'une surveillance sanitaire particulière.

Hygiène personnelle de l'assistante maternelle

Le principal agent de transmission des infections est la main, d'où la nécessité d'une hygiène rigoureuse par le lavage régulier, principalement :

- avant tous les soins aux enfants ;
- avant la préparation des repas ;
- avant les repas ;

– avant et après avoir changé un enfant ;
– après être allée aux toilettes ;
– après avoir manipulé des objets souillés ;
– après s'être mouchée.

Le lavage se fera avec un produit moussant, en insistant sur la paume, les espaces interdigitaux et les ongles, suivi d'un rinçage et d'un séchage par tampon (préférer les papiers à usage unique).

PRÉVENTION DES MALADIES

La prévention des maladies peut être organisée sur trois plans :

- Par l'hygiène corporelle de l'enfant :
  – soins des mains et des ongles (prévention des transmissions orales) ;
  – soins des cheveux (prévention de la pédiculose) ;
  – soins des dents (prévention des caries) ;
  – changes réguliers (prévention des érythèmes fessiers) ;
  – soins du nez et mouchage régulier (prévention des problèmes ORL).
- Par l'hygiène alimentaire :
  – nettoyage consciencieux du matériel d'alimentation, voire désinfection ou stérilisation ;
  – respect de la chaîne du froid, attention aux surgelés et au stockage des denrées dans le réfrigérateur ;
  – lutte contre les infections alimentaires dues aux salmonelles, à la listeria, aux staphylocoques.
- Par les vaccinations :

certaines obligatoires :

– D contre la Diphtérie ;
– T contre le Tétanos ;
– C ou Coq contre la Coqueluche ;
– P contre la Poliomyélite.

ou conseillées

– ROR contre la Rubéole Oreillons Rougeole ;
– Rouvax® contre la Rougeole ;
– Rudivax® contre la Rubéole ;
– Imovax® contre les Oreillons ;

– Act HIB® ou HIBest® contre la Méningite ;
– Prévenar® contre les infections aux pneumocoques.

PRÉVENTION DES ACCIDENTS DOMESTIQUES

Lorsqu'un enfant est victime d'un accident, c'est parce que l'adulte qui en a la charge a fait l'une des erreurs suivantes :

- Il s'est montré négligent dans son action ou dans sa surveillance. Ex. : il y a risque de brûlure s'il ne vérifie pas la température de l'eau du bain ou du biberon chauffé au micro-ondes.
- Il n'a pas su apprécier les capacités motrices de l'enfant. Ex. : il y a risque de chute s'il laisse un petit enfant en hauteur sans surveillance, même pour un court instant.
- Il n'a pas su apprécier l'éveil de l'enfant, son intrépidité et sa curiosité. Ex. : il y a risque de blessure s'il laisse traîner des objets coupants avec lesquels l'enfant pourra vouloir s'amuser ; il y a risque de brûlure s'il laisse une casserole sur le gaz à portée de l'enfant.
- Il a mal organisé la sécurité dans sa maison. Ex. : il y a risque d'électrocution s'il n'a pas posé de cache-prise ; il y a risque de chute s'il n'a pas protégé les escaliers intérieurs d'une barrière de sécurité.

La responsabilité qui incombe à l'assistante maternelle est lourde. Par votre formation et par vos expériences personnelles, vous devez être capable de comprendre les situations dangereuses, de connaître les périodes sensibles du développement de l'enfant, qui pourront le prédisposer à l'accident, et pour lesquelles vous accentuerez votre surveillance et votre action préventive ; enfin, vous devez aménager votre domicile en conséquence.

Aucun accident dû à une négligence ne peut être toléré. C'est pourquoi ces différents points sont développés.

▶ Connaître les risques d'accidents en fonction des périodes sensibles du développement de l'enfant

Pour cela, reprenons notre schéma par stades d'évolution.

- Stade 1 : de 0 à 3 mois

L'enfant est totalement dépendant de l'adulte. Les accidents les plus fréquents que vous devez éviter sont :

– l'étouffement (asphyxie par suffocation) causé par des éléments de literie tels qu'oreillers, couverture ou peluches volumineuses ; causé par un animal familier ;
– l'asphyxie par inhalation bronchique avec le contenu d'un biberon (prise alimentaire mal surveillée) appelée aussi fausse route ;
– brûlures externes par l'eau du bain mal testée ;
– brûlures internes par le contenu d'un biberon trop chaud ;
– possibilités de chutes diverses.

- Stade 2 : de 3 à 9 mois.
  Stade du début de l'autonomie par le mouvement ; risque de :
  – chute de la table à langer, du lit, du landau, de la poussette, etc. ;
  – asphyxie par strangulation avec les chaînes de cou, les cordons de capuche, les bretelles, les fixe-couvertures, etc. ;
  – noyade dans l'eau du bain où l'enfant est laissé seul.
  Stade de curiosité et d'oralité ; risque de :
  – ingestion d'objets (avaler) ;
  – inhalation de corps étrangers avec obstruction de la trachée artère.

- Stade 3 : de 9 à 18 mois.
  Stade du redressement et de la marche; risque de :
  – chutes et contusions liées à cet apprentissage ;
  – écrasement par des meubles ;
  – chutes dans les escaliers, dans les activités extérieures, etc.
  Stade d'éveil et de grande curiosité ; risque de :
  – brûlures par ébouillantement : casserole laissée à portée de main, etc. ;
  – brûlures par contact avec un élément chaud : porte de four, fer à repasser ;
  – brûlures électriques : insertion d'objets métalliques dans une prise, rallonge non débranchée de la prise ;
  – corps étranger dans le nez, les oreilles ;
  – corps étranger inhalé, dégluti, etc. ;
  – noyade dans la baignoire ou dans un plan d'eau ;
  – asphyxie par privation d'air ambiant : enfermement, sac plastique, bac à sable, etc. ;
  – brûlures internes et externes par ingestion ou manipulation de produits ménagers corrosifs ;

– intoxication par ingestion de produits ménagers ou de médicaments.

- Stade 4 : de 18 mois à 3 ans.

  Stade d'exploration et d'imitation de l'adulte ; risque de :

  – toutes les chutes ;

  – brûlures par le feu ;

  – plaies par instruments tranchants ;

  – accidents dus aux jeux moteurs : vélo, tricycle, toboggan, cage à escalader, etc. ;

  – accidents de la circulation.

Bien sûr, cette liste n'est pas exhaustive. Elle ne figure qu'à titre d'exemple. Le but de cette étude n'est pas de nommer tous les accidents possibles, mais d'attirer votre attention sur votre responsabilité vis-à-vis de l'enfant qui vous est confié.

▶ Organiser la sécurité à la maison

Puisqu'on ne peut pas éliminer tous les risques ni tenir l'enfant à l'écart de tous les dangers, comment peut-on organiser la sécurité à la maison ? Avant tout, nous l'avons vu, il s'agit pour vous d'être vigilante et de ne pas laisser l'enfant sans surveillance , mais également de prévenir certains accidents par certaines mesures somme toute assez simples, rappelées dans les encadrés ci-après (attention : ces listes ne sont pas exhaustives, juste informatives).

- La pièce la plus dangereuse semble être la cuisine

  On y retrouve presque tous les risques :

  – brûlures par contact, par ébouillantement, par flammes, par produits caustiques, par électricité, etc. ;

  – plaies par objets ménagers tranchants ;

  – intoxication par les produits détergents, moussants, chlorés, corrosifs, etc. ;

  – électrocution par matériel électrique non débranché, prises non protégées ;

  – asphyxies diverses.

  L'idéal serait d'interdire l'entrée de la cuisine au moment de la préparation des repas. Mais il est préférable d'éduquer l'enfant en l'informant des risques et des dangers et en ayant soi-même une discipline de vie.

Comment prévenir ces accidents ?

- ranger dans des tiroirs inviolables ou en hauteur le matériel dangereux, les produits toxiques ;
- protéger les prises, débrancher les rallonges ;
- faire attention à la poubelle (ex. : boîtes de conserve coupantes, manque d'hygiène…) ;
- doubler la porte du four par une porte froide, poser un rail de protection autour de la gazinière, etc.

• La deuxième pièce dangereuse est la salle de bains

On y retrouve les risques de noyade, de brûlures, d'électrocution, d'intoxication par les produits de toilette ou par des médicaments fréquemment rangés dans cette pièce, de plaies par objets coupants (ciseaux, rasoirs…). La prévention doit être organisée comme pour la cuisine.

Comment prévenir ces accidents ?

- ne laisser traîner aucun produit de ménage ou de toilette considérés comme dangereux ;
- mettre en hauteur ou en placard inviolable les médicaments et les produits dangereux ;
- débrancher et ranger les instruments électriques ;
- protéger les prises de courant ;
- ne jamais laisser l'enfant seul dans la baignoire ou sur la table à langer.

• Dans les autres pièces telles que chambre ou salle de séjour

Les risques sont différents mais les accidents toujours possibles et graves. Par exemple : l'asphyxie par des éléments de literie mal adaptés, les contusions dans les coins des meubles, les écrasements par des meubles instables, des brûlures par allumettes ou briquet, des intoxications médicamenteuses, voire même alcooliques.

Comment prévenir ces accidents ?

- surveiller les conditions de sommeil (literie, animal familier…) ;
- protéger les angles vifs des meubles ;
- supprimer les tapis ou mettre des antidérapants ;
- ne pas laisser traîner d'allumettes, de médicaments, de bouteille d'alcool à portée des enfants.

- Il faut également savoir que certains risques vont apparaître en fonction de votre type d'habitation.

Quels sont ces risques et comment les prévenir ?

➢ si vous habitez en étage élevé, faites attention aux fenêtres et protégez-les d'un grillage (risque de défenestration) ;

➢ si vous habitez un appartement ou une maison avec un escalier intérieur, pensez à poser des barrières de sécurité (risque de chute) ;

➢ si vous possédez un garage et un jardin, soyez attentive au stockage de produits dangereux ainsi qu'au matériel de jardinage (risque d'intoxication et de plaie).

- Enfin, bien que cela ne soit plus « à domicile », pensez aux accidents survenant sur la voie publique et pendant les sorties de l'enfant. Vérifiez, à ce propos, que vous êtes en règle avec votre police d'assurance professionnelle.

La fonction de soignante de l'assistante maternelle

Notions d'anatomie

▶ Le système nerveux

Il commande et coordonne toutes nos activités conscientes et volontaires, ce qui nous met en relation avec l'extérieur : penser, entendre, voir, sentir, etc.

Il est composé de l'encéphale agissant dans les fonctions motrices, sensitives, sensorielles, ainsi que dans la fonction du langage, du cervelet agissant dans l'équilibre, le contrôle de l'activité cérébrale et la régulation du tonus musculaire, du tronc cérébral, de la moelle épinière, des méninges au nombre de trois qui ont un rôle protecteur, du liquide céphalo-rachidien baignant les organes du système nerveux central.

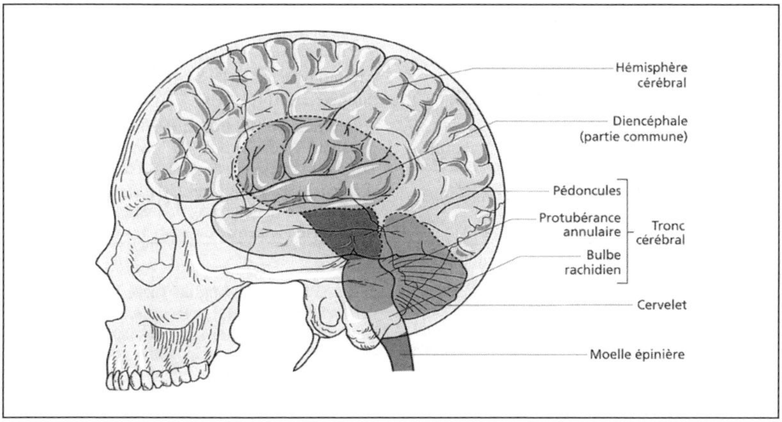

Figure 18. Le système nerveux

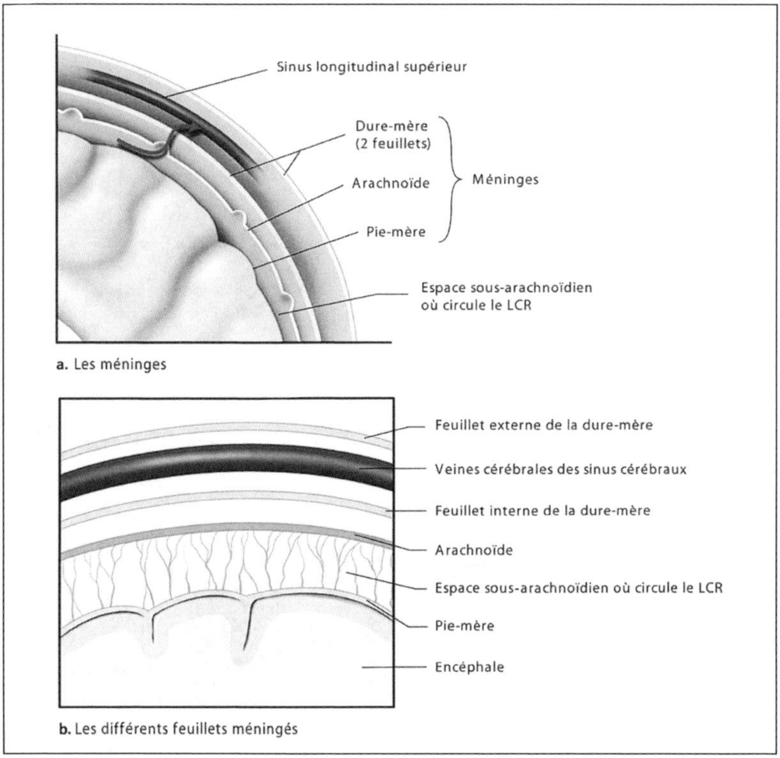

Figure 19. Le système nerveux

L'appareil respiratoire

Les voies aériennes ou voies respiratoires sont constituées des fosses nasales du pharynx, du larynx, de la trachée et des bronches. Elles amènent l'air aux poumons. La respiration est constituée de deux phases : l'une active, l'inspiration, et l'autre passive, l'expiration. Ces deux phases constituent un mouvement respiratoire.

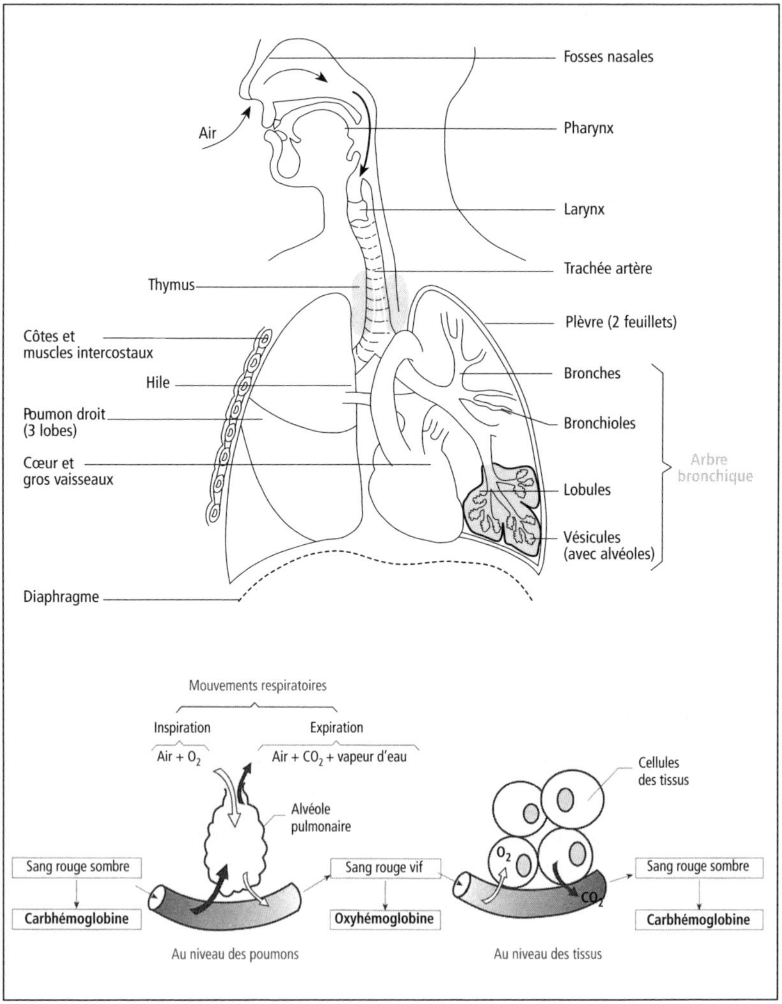

Figure 20. L'appareil respiratoire

Les poumons sont le siège des échanges gazeux. Ceux-ci s'effectuent au niveau des alvéoles pulmonaires. À chaque mouvement respiratoire, il y a entrée d'oxygène, transporté par les hématies (hémoglobine), et transformation, puis sortie de gaz carbonique sous forme de bicarbonates.

▶ L'appareil cardio-vasculaire

Le cœur est un organe musculaire creux, qui assure la circulation du sang dans les vaisseaux, à l'aide de contractions rythmiques qui constituent les battements cardiaques ; il est composé de ventricules et d'oreillettes et est tapissé de trois tuniques. Il a un fonctionnement automatique, mais est lié au système nerveux intrinsèque actif, qui transmet un influx électrique et fait se contracter le myocarde, et au système nerveux extrinsèque végétatif.

Le sang est acheminé par un système de vaisseaux appelés artères, veines et capillaires.

En se heurtant à leur paroi, il crée une pression mesurable : c'est la tension artérielle ; la compression d'une artère fait ressentir un choc : c'est le pouls.

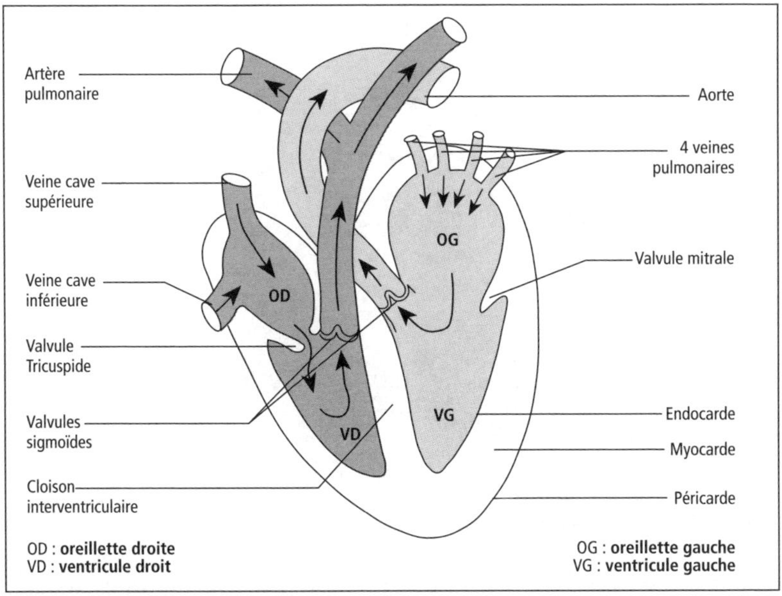

Figure 21. L'appareil cardio-vasculaire

Le sang est composé de globules rouges ou hématies assurant le transport de l'oxygène, de globules blancs ou leucocytes, assurant la défense de l'organisme contre les microbes, et de plaquettes jouant un rôle dans la coagulation et l'hémostase.

L'appareil digestif

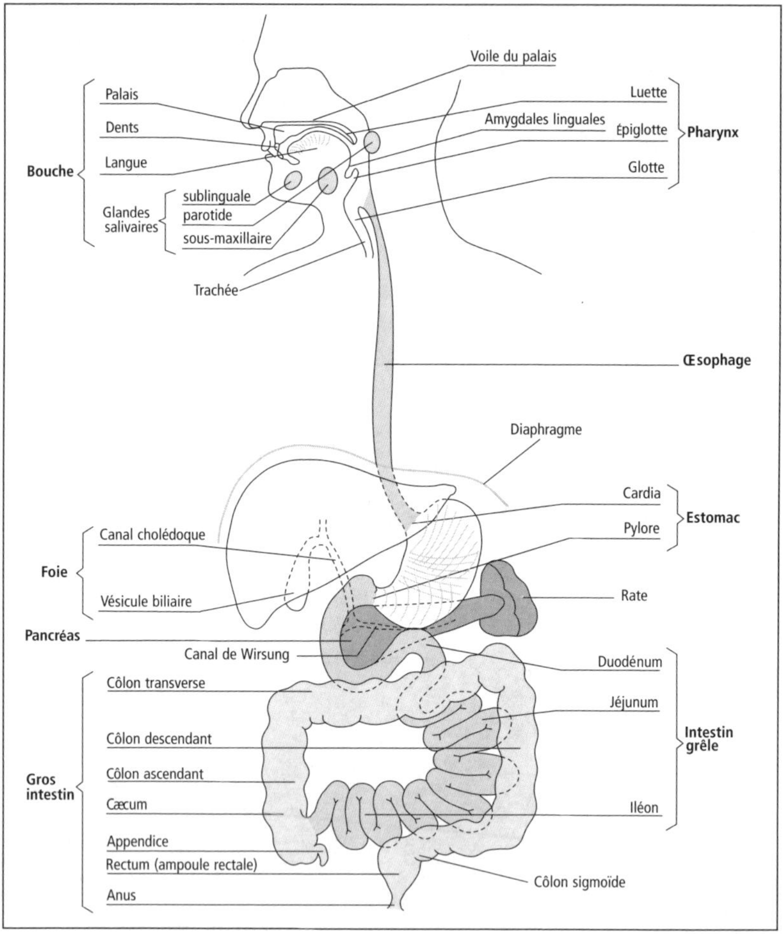

Figure 22. L'appareil digestif

Il est composé de la bouche et des dents, du pharynx, de l'œsophage et de l'estomac, de l'intestin grêle et du duodénum, du

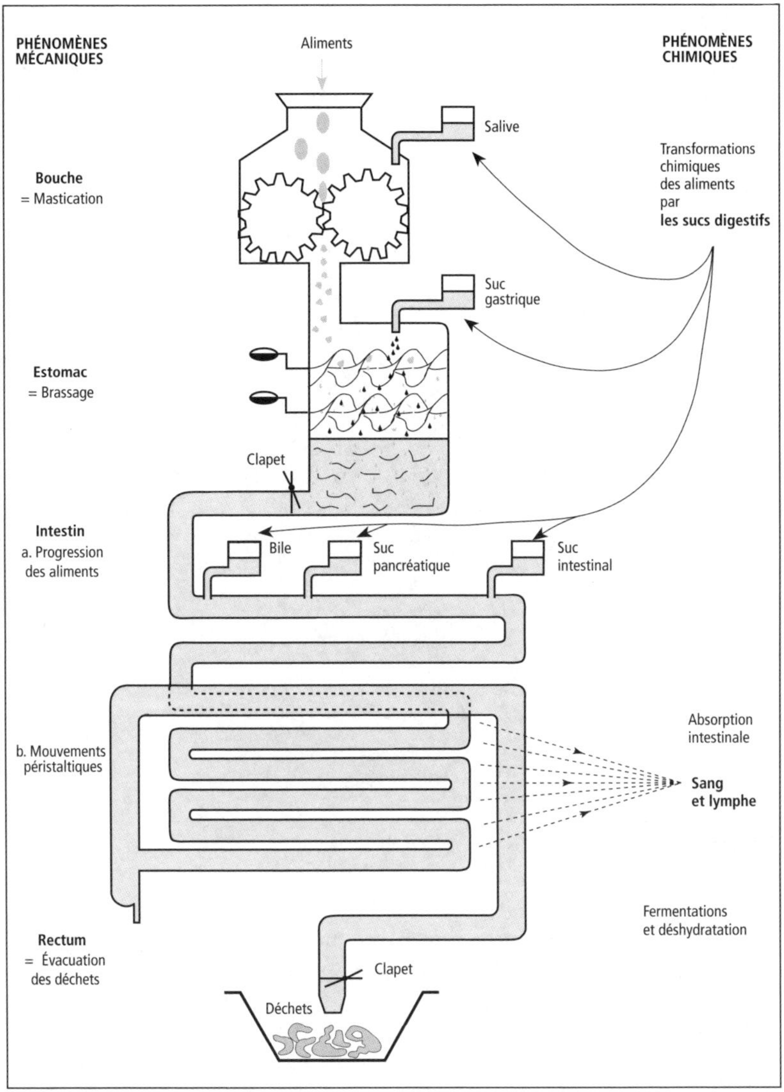

Figure 23. L'appareil digestif

gros intestin au colon avec abouchement à l'anus ; du foie produisant la bile, du pancréas produisant l'insuline.

Il assure les fonctions mécaniques et chimiques de la digestion.

La peau

Elle comprend l'épiderme, le derme, l'hypoderme avec les systèmes d'innervation (récepteurs sensitifs et sensoriels) et de vascularisation.

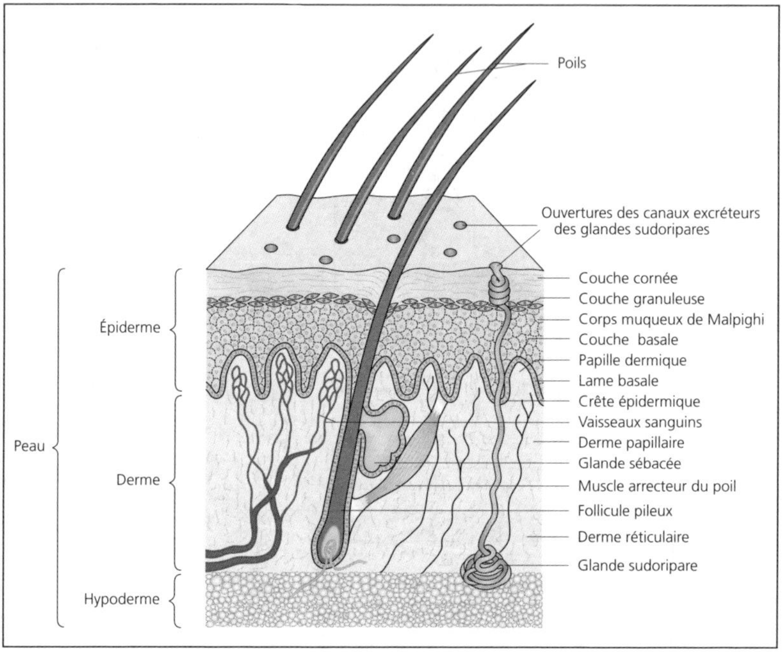

Figure 24. La peau

Elle remplit des fonctions de protection (microbes, agents mécaniques et chimiques, UV), de régulation (sueur) d'excrétion/transpiration, de réserve de graisse, de fabrication de vitamine D (par photosynthèse).

Les muqueuses

Tissu tapissant la face interne des organes creux en communication avec l'extérieur et les orifices naturels du corps. Ayant un rôle protecteur, sécrétoire et absorbant (digestion d'absorption des aliments).

Les organes de la vision et de l'audition

L'œil

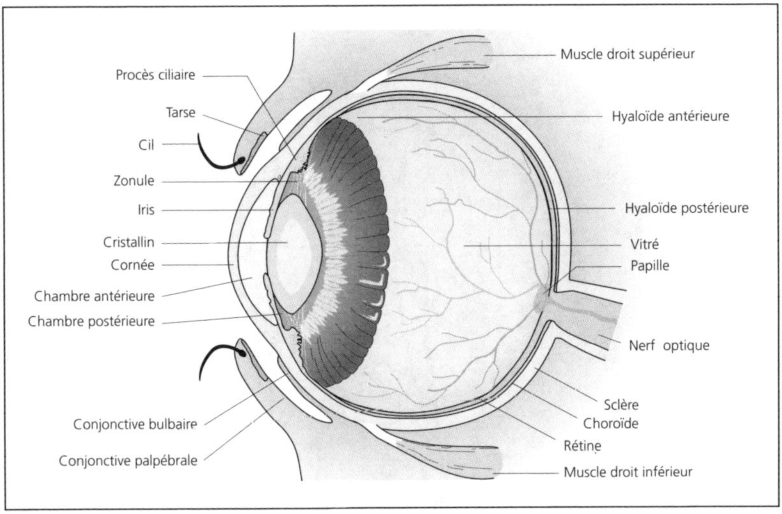

Figure 25. L'œil

L'oreille

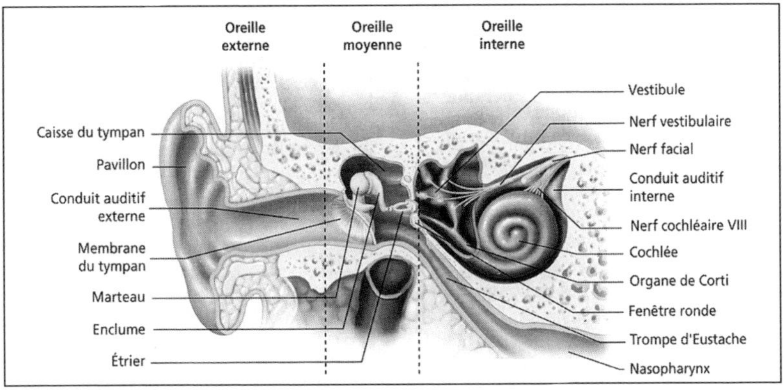

Figure 26. L'oreille

Les os et les articulations

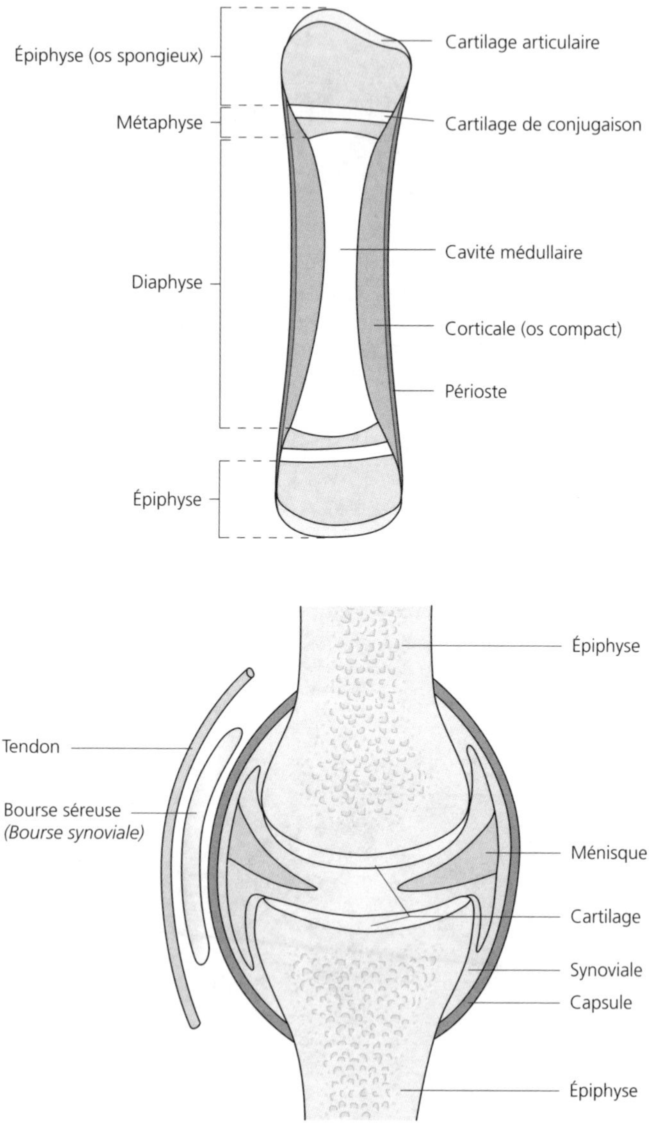

Figure 27. Les os et les articulations

COMPRENDRE LA NOTION D'URGENCE ET SAVOIR RÉAGIR

Réfléchissons à la notion d'urgence. D'après le dictionnaire, c'est la nécessité d'agir vite, quelquefois même sans délai. Il y a donc plusieurs degrés dans l'urgence. Étudions en trois.

- Degré 1 : l'urgence vitale.

  La survie de l'enfant est compromise dans les minutes qui suivent.

  Nécessite un appel aux services de secours d'urgence par (le 15 SAMU ou le 18 Pompiers) et la mise en place d'une réanimation immédiate, sans attendre leur arrivée.

- Degré 2 : l'urgence grave différée.

  L'enfant n'est pas en danger de mort immédiate, mais la gravité de son état nécessite une hospitalisation très rapide. Nécessite un appel aux services de secours par le 15, et d'une possibilité d'action sous la responsabilité du médecin coordinateur.

- Degré 3 : l'urgence de moyenne gravité.

  La pathologie présentée par l'enfant nécessite une prise en charge médicale, voire chirurgicale. Dans ce cas, le médecin contacté décidera d'une éventuelle hospitalisation et du mode de transport adapté au cas de l'enfant.

Au-delà de ces trois degrés, la notion d'urgence disparaît. L'assistante maternelle pourra assurer elle-même les soins particuliers simples, dits soins de « bobologie », avec un accord parental et sur présentation de prescriptions médicales.

Recommandations

– Ne jamais emmener soi-même l'enfant à l'hôpital, mais appeler le SAMU par le 15.

– Ne jamais donner un médicament sans prescription médicale.

– S'inscrire à une formation d'attestation aux gestes de premier secours ou AFPS pour obtenir les compétences concernant les gestes de réanimation.

Lorsque l'on doit transmettre un message d'urgence : il faut agir vite, dans une situation de grande angoisse. Difficile dans ce cas de garder son calme. Mais il est important de rassurer l'enfant malade ou accidenté s'il est conscient ou le protéger s'il est inconscient, et d'assurer la sécurité des autres enfants en garde pendant l'appel au secours.

MESSAGE D'ALERTE	
15	**18**
SAMU	**POMPIERS**

Donner son numéro de téléphone.

Nommer les circonstances de la situation d'urgence.

Faire un bilan rapide de l'état de l'enfant → conscience, coloration, difficultés respiratoires, etc.

Préciser si des gestes ont été faits.

Donner son adresse exacte → n° de la rue, ville, code d'accès à l'immeuble, points de repère géographique dans le quartier, etc.

Attendre les informations avant de raccrocher.

Connaître les signaux d'alerte en cas de maladie

On a souvent tendance à confondre maladie et fièvre. Certes, c'est un signe fréquent, mais ce n'est pas le plus important (sauf hyperthermie majeure). Quels sont les signes traduisant une modification de l'état général ? Observation de l'enfant :

- Visage : Grimaçant ou crispé, voire prostré avec une peau pâle, cyanosée, marbrée ou un teint gris.
- Corps : Agité ou crispé, voire figé, avec des signes associés (convulsions).
- Cris : Forts ou faibles, sous formes de gémissement ou de geignements.
- Éveil : Apathique ou somnolent.
- Contact : Ne sourit plus, indifférent, refuse le contact.
- Relation : Accès de pleurs ou pleurs permanents, succion désespérée, absence de réponse.

À ces signes s'ajouteront des signes physiques et/ou fonctionnels, tels une éruption cutanée, une toux, des troubles digestifs, etc., que le médecin étudiera pour établir son diagnostic. D'autres signes peuvent mettre l'assistante maternelle en alerte : problèmes alimentaires, problèmes de sommeil, comportement inhabituel, que le médecin étudiera également pour établir son diagnostic.

SAVOIR RÉAGIR EN CAS DE MALADIE

▶ Fichier des maladies les plus courantes

Il est rare qu'un problème médical grave survienne pendant une journée de garde. Il y a donc peu de référence pour l'urgence vitale.

- Degré 1

Il faut connaître tout de même le malaise grave de l'enfant, caractérisé par une grande pâleur brutale, une hypotonie marquée et une perturbation des fonctions cardio-respiratoires et nécessitant une réanimation d'urgence → appeler le 15.

- Degré 2

Dans les situations d'urgence grave, il faut connaître :

La crise d'asthme ne cédant pas au traitement habituel et entraînant une détresse respiratoire → appeler le 15, mettre l'enfant en position assise.

La crise convulsive caractérisée par des manifestations anormales au niveau du corps, des membres et/ou du visage, suivie d'une période de relâchement avec modification de l'état de conscience → appeler le 15.

- Préserver l'enfant en éloignant les objets pouvant le blesser.
- Laisser se dérouler la crise sans le prendre dans les bras, puis mettre l'enfant en position latérale de sécurité

Attention : Chez un enfant en convulsion, recevant un traitement spécifique, l'assistante maternelle ne pourra effectuer de geste infirmier (injection par exemple). Ce point devra être discuté avec les parents lors de l'établissement du contrat d'accueil.

Le coup de chaleur correspondant à une hyperthermie majeure (fièvre élevée, exposition au soleil, atmosphère surchauffée) et entraînant une atteinte sévère de l'état général associant signes de déshydratation et signes nerveux → appeler le 15, attitude préventive.

La déshydratation aiguë caractérisée par une atteinte générale et une perte de poids corporel importante associée à une sécheresse de la peau et des muqueuses due aux déperditions liquides → appeler le 15, attitude préventive.

La fausse-route ou passage du contenu de l'estomac ou de la bouche dans l'arbre respiratoire, entraînant un état de détresse respiratoire avec cyanose → appeler le 15.

Pour limiter les risques de fausse-route chez les enfants présentant des régurgitations importantes, prévoir trois attitudes :

- Hygiène alimentaire → quantité, fréquence d'alimentation, rot...
- Traitement médical (cf. ordonnance) → lait AR, pansements œsophagiens.
- Position relevée dans le lit dite orthostatique (matelas rehaussé par un coussin).

La fièvre élevée ou hyperthermie : élévation anormale de la température du corps au-dessus de 38 °C (on dit aussi hyperthermie). Ne doit pas être considérée comme une maladie en soi, mais comme étant le signe de lutte de l'organisme contre une agression. Nécessite un avis médical en cas de persistance ou de signes associés, pour établir un diagnostic et le traitement approprié.

Deux attitudes à avoir, selon le niveau de fièvre :

- lorsque la fièvre est modérée, entre 38 °C et 38,5 °C, l'enfant est grognon et mal à l'aise : mettez-le au lit, déshabillez-le et rafraîchissez son visage avec un gant mouillé d'eau fraîche, changé régulièrement ;
- lorsque la température est élevée et dépasse rapidement 39 °C, l'enfant est rouge, a très chaud, ses yeux sont larmoyants, il est excité ou au contraire abattu : mettez-le au lit, dévêtu au maximum, refroidissez-le à l'aide d'une serviette de toilette mouillée d'eau fraîche ou, après avoir observé l'enfant et ses réactions, et si vous maîtrisez bien cette technique, donnez-lui un bain à 37 °C maximum pendant une dizaine de minutes ; donnez-lui à boire pour éviter la déshydratation.

Le traitement médicamenteux peut être envisagé : il est en effet possible de soulager un enfant fiévreux en lui donnant des antipyrétiques (contre la fièvre). Vous devez avoir pour cela une ordonnance médicale datant de moins de trois mois. Mais ne le faites pas de votre propre autorité : téléphonez aux parents et assurez-vous qu'ils vous autorisent à utiliser ces produits, ou bien sollicitez un avis médical, en avertissant les parents.

Les syndromes méningés : association des signes témoignant de la souffrance au niveau des méninges (membranes qui enveloppent le cerveau) et du liquide céphalo-rachidien → céphalées (maux de tête), vomissements en jet, photophobie (refus de la lumière), attitude douloureuse du corps avec repli en position fœtale, douleur dans la colonne vertébrale et raideur de la nuque ; chez le petit bébé, on note un bombement de la fontanelle.

➢ De causes diverses (virale, bactérienne, traumatique), ils nécessitent le transport de l'enfant en service hospitalier.

- Degré 3

L'appel au médecin traitant de l'enfant est recommandé. Mais il est préférable de contacter, avant celui-ci, les parents de l'enfant, qui décideront du suivi médical.

Il faut connaître toute la pathologie ORL et pulmonaire

Angine : maladie de la gorge gênant la déglutition et l'alimentation normale de l'enfant, souvent accompagnée de fièvre élevée, donc avec un enfant fatigué qui refuse de manger. Nécessite un traitement médical.

➢ Respectez le refus alimentaire de l'enfant ; privilégiez une alimentation lisse ou semi-liquide ; n'oubliez pas de donner à boire en cas de fièvre.

Bronchite : se traduit par une toux grasse et productive apparaissant dans un tableau de rhino-pharyngite → donne donc un enfant fiévreux, ayant des difficultés à respirer et à s'alimenter normalement. Nécessite un avis médical et un traitement approprié.

➢ Faites des soins de propreté du nez avant les repas ; couchez le bébé en position surélevée (semi-assise) pour l'aider à mieux respirer ; soyez attentive au malaise dû à la fièvre et à la fatigue de l'enfant qui tousse beaucoup ; respectez ses difficultés alimentaires et donnez lui à boire.

Laryngite : atteinte infectieuse d'origine virale ou bactérienne du larynx, entraînant une toux aboyante, une modification de la voix et des difficultés inspiratoires.

➢ Mettre l'enfant, angoissé, en position semi-assise, décongestionner localement sa gorge avec un linge chaud, et créer une atmosphère humide dans la pièce. En cas de difficultés respiratoires importantes, demandez le transport de l'enfant en service hospitalier.

Otite : atteinte de l'oreille survenant très souvent dans un contexte de rhino-pharyngite, donc chez un enfant encombré et fiévreux, témoignant de sa douleur par un frottement de sa tête et de son oreille du côté atteint.

➢ Relève d'un traitement médical ; se traite selon le stade d'évolution – otite rouge et congestive, otite à tympan opaque, otite avec abcédation du tympan – par des soins locaux de propreté, des instillations de gouttes auriculaires, une antibiothérapie générale, voire quelquefois par l'ouverture de l'abcès du tympan par une paracentèse faite par l'ORL.

Sur le plan préventif : ne négligez pas les soins en cas de rhino-pharyngite en effectuant régulièrement une désinfection nasale au sérum physiologique, et ne couchez pas le bébé à plat mais en position légèrement surélevée (mettre un oreiller sous le matelas).

Rhinopharyngite : problème ORL associant un écoulement nasal clair ou purulent, un encombrement rhino-pharyngé gênant la respiration et l'alimentation, et une fièvre.

➢ Peut se traiter par des médicaments contre la fièvre, des soins d'hygiène locale au sérum physiologique, à l'aide de pipettes prêtes à l'emploi vendues en pharmacie (à pratiquer régulièrement et impérativement avant chaque repas de l'enfant), et par un couchage de l'enfant en position semi-relevée. Le plus souvent, nécessite un avis médical pour éviter les complications ultérieures (otite, sinusite, bronchite…).

Toux : se voit dans de multiples problèmes respiratoires et infectieux.

Peut être sèche, irritative, grasse, productive et témoigne d'une lutte de l'appareil respiratoire. Elle doit donc être respectée en tant que symptôme car elle a une action utile.

➢ Le traitement sera celui de la cause et relèvera d'un avis médical.

<u>et la pathologie digestive :</u>

Diarrhée : caractérisée par la modification en nombre et en qualité des selles : plus de quatre selles liquides dans la journée.

Fait craindre une évolution vers un état de déshydratation, surtout si elle est associée à la fièvre et aux vomissements.

D'origines très diverses : alimentaires (intoxication ou intolérance), infectieuses (ex. : gastro-entérite) ou s'inscrivant dans le contexte d'une autre pathologie (ex. : otite).

➢ *Face à une diarrhée banale*, sans atteinte de l'état général, sans fièvre ou vomissements associés, mettez en place une correction diététique : suppression du lait et de ses dérivés, suppression de jus de fruits, limitation de l'apport en fruits et légumes verts. Privilégiez le riz, les carottes (ex. : cuites en soupe), la pomme crue, la gelée de coings, la banane, etc. Il faut également un apport complémentaire en liquide pour compenser les fuites. Pour cela, donnez à boire à volonté un soluté antidéshydratation du genre *Adiaril*®. Il est important également de surveiller le poids de l'enfant. Ce régime doit être maintenu dans les 48 heures qui suivent l'apparition de selles normales. Puis réintroduire progressivement les légumes variés, les fruits, les laitages et enfin le lait.

➢ *Face à une diarrhée sévère ou accompagnée de fièvre et/ou de vomissements*, ou si la diarrhée se prolonge, il est important de demander une **consultation médicale** pour mettre en place un traitement approprié. N'oubliez pas de peser l'enfant tous les jours dès l'apparition de la diarrhée.

Faites attention **aux risques de contamination en cas de diarrhée infectieuse** : isolez les couches sales et enfermez-les dans un sac poubelle bien clos avant de les jeter ; lavez-vous, brossez-vous mains et ongles après les changes et passez-les à l'alcool à 90°.

Dans tous les cas, soyez attentive aux soins d'hygiène du siège de l'enfant, pour prévenir toute apparition d'érythème fessier.

Vomissements : rejet par la bouche avec effort (sinon on parle de régurgitation) du contenu de l'estomac, s'accompagnant d'un état de malaise. Peuvent être isolés comme dans le cas de problèmes digestifs simples, inscrits dans le contexte d'une autre pathologie, comme dans le cas des problèmes ORL, infectieux, neurologiques, toxiques, traumatiques, etc. Ils peuvent être chroniques.

➢ Il est donc préférable de demander un avis médical. L'enfant malade sera allongé dans son lit, au calme, en position latérale, pour éviter les inhalations bronchiques, et sera réconforté car il est souvent très mal à l'aise et angoissé.

Hernies : apparaît chez certains petits enfants ayant une faiblesse au niveau de la musculature abdominale, au niveau du nombril, au niveau de l'aine, sous forme de petites tuméfactions molles qui gargouillent (en raison de l'air contenu dans le tube intestinal) ; il peut y avoir aussi hernie d'un testicule.

➢ Banale, et sans danger la plupart du temps, se résorbant spontanément lorsque l'enfant grandit, la hernie doit toutefois être surveillée attentivement en période de cris ou d'efforts violents chez l'enfant (car ceux-ci accentuent le volume de la tuméfaction). Devant toute modification importante, prévenez la famille et le médecin.

Constipation : caractérisée par l'émission de selles rares et dures. Elle doit être considérée comme banale et relevant uniquement d'une correction diététique, sauf si elle s'accompagne de signes physiques, de ballonnement et de douleur abdominale et/ou de signes digestifs associés.

➢ Limitez les féculents, le chocolat, privilégiez les fruits et les légumes verts et augmentez la ration de boisson. Ne pas utiliser de médicaments pour adulte ni de lavement.

Dans les cas de petites pathologies simples où l'assistante maternelle peut agir sur prescription médicale, il faut connaître :

Aphte : petit bouton douloureux siégeant dans la bouche, très souvent réactionnel au contact de certains aliments, donc banal mais gênant l'alimentation. À ne pas confondre avec une ulcération herpétique ou un muguet buccal qui, eux, relèvent d'un traitement médical spécifique.

➢ Respectez les difficultés alimentaires de l'enfant et évitez les produits acides : vinaigre, citron, orange, etc.

Eczéma : maladie de la peau d'origine allergique, caractérisée par des lésions avec des vésicules suintantes, atteignant certaines parties du visage, les plis du corps et, quelquefois, le corps lui-même, et évoluant par poussées entrecoupées de périodes de rémission ; très prurigineuse (qui entraîne des démangeaisons).

➢ Soins locaux pour lutter contre les lésions de surinfection dues au grattage, par des pommades spécifiques, dont l'utilisation est strictement liée à une **prescription médicale**. N'utilisez aucun produit, même de toilette, hors avis médical. Surveillez l'hygiène des ongles de l'enfant et préférez, en accord avec les parents, des vêtements en fibres naturelles telles que le coton.

Érythème fessier (appelé communément « fesses rouges ») : irritation de la peau du siège pouvant aller d'une simple rougeur jusqu'à de petites ulcérations suintantes, atteignant les fesses, les plis inguinaux et fessier, les organes génitaux. Il est dû le plus souvent à un manque d'hygiène, à une allergie à un produit de toilette ou servant au change, mais peut aussi se voir en réaction d'un état pathologique tel que la diarrhée ou la poussée dentaire. Devrait normalement être prévenu par une hygiène corporelle régulière et attentive.

➤ Soins d'hygiène réguliers dès que l'enfant s'est souillé, à l'aide d'eau et de savon pur, suivis d'un rinçage et d'un séchage par tamponnements consciencieux. En cas d'atteinte : utilisez en alternance, à chaque change, un produit asséchant tel que l'Hexomédine® ou l'Éosine® aqueuse (colorant rouge tachant beaucoup), et une pommade écran telle que le Mitosyl® ou l'Aloplastine®, selon le choix des parents. Procédez avec beaucoup de douceur pour que l'enfant ne souffre pas trop.

Oxyures : petits vers blancs vivant dans l'intestin et responsables de démangeaisons intenses au niveau de l'anus, accompagnées de malaises digestifs.

➤ Se traite par des médicaments vermifuges après analyse parasitaire et, sur le plan hygiénique, par des soins de propreté des mains et des ongles.

Poussée dentaire : ensemble des problèmes posés par le bourgeonnement des gencives avant l'éruption des dents de lait, caractérisés par une petite fièvre, une hypersalivation, des feux de joue, parfois un érythème fessier, des difficultés alimentaires et un caractère grognon.

➤ Si l'enfant souffre et a de la fièvre, il est possible de lui donner du paracétamol (revoir « Fièvre ») en vous assurant de l'autorisation des parents.

Il ne faut pas meurtrir la gencive pour aider la dent à sortir, donc bannir le sucre ou le bout de la cuillère. Il est préférable de soulager la tension des gencives en donnant à l'enfant des éléments durs à mordre et de soulager la douleur à l'aide de baumes spécifiques.

Axez votre surveillance et vos soins sur les éventuels problèmes d'érythème fessier et de diarrhées.

Poux : petits parasites du cuir chevelu très prolifiques et dont les œufs s'appellent lentes, entraînant des démangeaisons importantes et des lésions de grattage.

> ➤ Les poux sont extrêmement contagieux, donc nécessitent la surveillance des cheveux de toutes les personnes vivant au foyer et des mesures d'hygiène générale. Se traitent par l'application de lotions et l'utilisation de shampoings spécifiques, à renouveler jusqu'à disparition des lentes.

Maladies infectieuses :

La vaccination par le ROR (voir ce chapitre) permet de limiter les maladies infantiles suivantes :

– Rougeole : maladie caractérisée par l'atteinte virale s'accompagnant de signes ORL et respiratoires.

– Oreillons : maladie caractérisée par l'atteinte virale des glandes parotides, pouvant s'accompagner d'atteintes glandulaires diverses (atteinte testiculaire à surveiller chez le garçon pubère).

– Rubéole : maladie éruptive d'origine virale banale, sauf chez la femme enceinte de moins de trois mois.

Restent deux maladies observables chez le petit enfant :

– Scarlatine : maladie éruptive d'origine microbienne s'accompagnant d'angine rouge (streptococcique), de fièvre élevée et de vomissements.

rare chez les enfants de moins de 3 ans.

– Varicelle : maladie éruptive d'origine virale caractérisée par des vésicules s'asséchant en croûte avec atteinte modérée de l'état général, inconfortable car très prurigineuse et évoluant en cycles sur une période longue (15 à 21 jours).

danger de contagiosité jusqu'à croûte sèche.

> Rappel
>
> N'acceptez pas de donner un traitement confié par les parents de l'enfant, si vous ne disposez pas de la prescription médicale. Vérifiez que celle-ci est récente (moins de trois mois).
>
> En cas de demande de garde d'enfant malade, pensez à avertir les autres parents et recueillez leur accord, car vous risquez d'être moins disponible (problèmes de soins, sorties impossibles, etc.) ; pensez également à évoquer une éventuelle contagiosité.

SAVOIR RÉAGIR EN CAS D'ACCIDENT

On l'a vu dans l'étude du chapitre sur la prévention des accidents domestiques, leurs causes sont multiples. Rappelons-le : que ce soit par négligence en surveillance ou en organisation, votre responsabilité professionnelle est engagée.

▶ De l'urgence vitale...

Dans les cas d'urgence vitale, il faut savoir identifier les signes d'arrêt respiratoire et cardiaque :

- En cas d'arrêt respiratoire , on ne voit pas la poitrine se soulever, on n'entend pas de bruits respiratoires, on ne sent pas de souffle lorsqu'on approche la joue de la bouche de l'enfant accidenté. On constate une cyanose, donc une perturbation de l'oxygénation des tissus.
  Action : 15 SAMU ou 18 Pompiers. Mise en place d'une réanimation respiratoire par le bouche-à-bouche ou bouche-à-nez selon l'âge de l'enfant*.
  *Nécessité pour cela de connaître cette technique enseignée dans le cadre de l'AFPS.
- En cas d'arrêt cardiaque, on ne perçoit plus le pouls, témoin des pulsations du cœur et du passage du sang dans les artères au niveau de l'artère fémorale (pli inguinal), de l'artère temporale ou carotidienne. Les tissus ne sont plus irrigués, il y a donc là aussi perturbation de l'oxygénation.
  Action : 15 SAMU ou 18 Pompiers. Mise en place d'une réanimation par massages cardiaques*.
  *Même recommandation concernant l'AFPS.

Parmi les accidents les plus graves nécessitant une prise en charge d'urgence, il faut connaître :

- L'étouffement. Trois situations possibles :
  – L'enfant se met à tousser quelques secondes en avalant de la nourriture.
  Ne faites rien, il a failli faire une fausse-route.
  – L'enfant est pris de violente quintes de toux, son visage devient rouge, voire violacé (cyanose). Attention : un corps étranger a pénétré dans ses voies aériennes.

Ne faites aucun geste particulier ne le frappez pas dans le dos (l'objet pourrait pénétrer plus profondément). Mettez-le en position assise et appelez les secours : 15 SAMU ou 18 Pompiers.

– L'enfant n'émet aucun son, ne tousse pas, ne respire plus, son visage se cyanose rapidement. Attention : il est en train de s'asphyxier, c'est une urgence vitale.

N'essayez pas d'ôter le corps étranger avec vos doigts. Donner 5 claques dans le dos de l'enfant. Procéder ensuite aux manœuvres de Mofenson ou Heimlich et appeler les secours : 15 SAMU ou 18 Pompiers.

Chez le bébé

Placer le bébé à califourchon sur l'avant-bras. Donner 5 tapes avec la main
entre les omoplates.

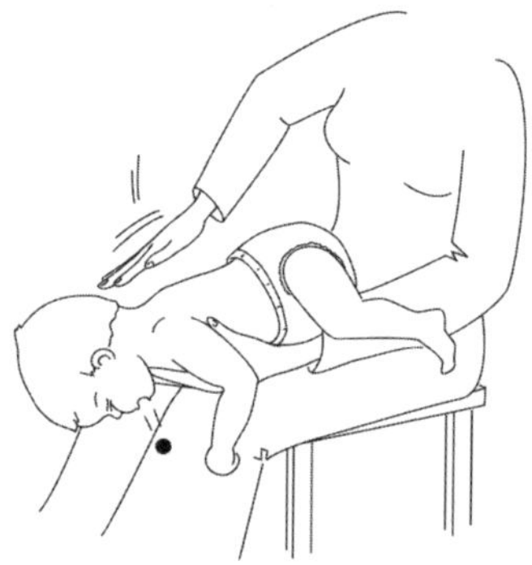

Figure 28a. Manœuvre de Mofenson

En cas d'échec, retourner le bébé.
Effectuer, avec 2 doigts, Manœuvre de Mofenson 5 pressions au niveau du sternum.

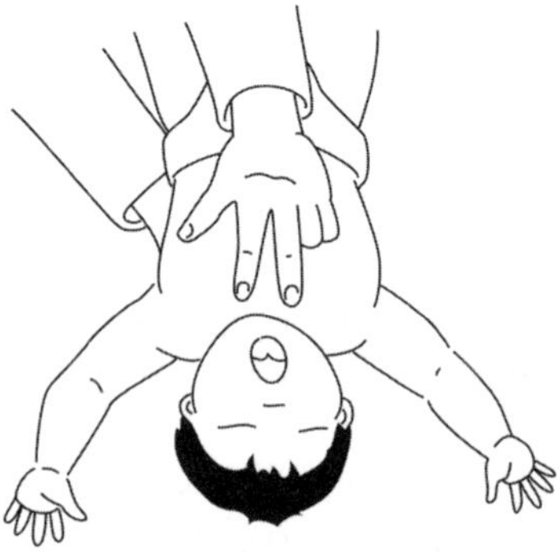

Figure 28b. Manœuvre de Mofenson

Chez l'enfant

Pencher l'enfant vers l'avant.
Donner 5 claques avec la main entre les omoplates.

Figure 29a. Manœuvre de Heimlich

En cas d'échec, se placer derrière l'enfant.
Mettre son poing au creux de son estomac.
Mettre son autre main dessus.
Tirer « franchement » en arrière et vers le haut.

Figure 29b. Manœuvre de Heimlich

- Les chutes
- Deux situations possibles :
  – Chute de faible hauteur. Apparition de bosse ou d'hématome (voir bobologie).
  – Chute de moyenne ou grande hauteur. Le poids de la tête de l'enfant entraîne une chute « tête la première ». Il y a donc possibilité de traumatisme crânien.

Figure 30. Chute avec traumatisme crânien.

– Vous n'êtes pas tranquille, appelez le 15 et agissez selon leurs recommandations.

Possibilité de maintien de l'enfant à domicile avec surveillance (nuit comprise toutes les 3 heures).

– La chute a entraîné une perte de connaissance. L'enfant ne répond pas lorsqu'on lui parle, ne réagit pas lorsqu'on le stimule.

Le mettre en position latérale de sécurité ou PLS et appeler les secours : 15 SAMU ou 18 Pompiers. Basculer la tête en arrière pour éviter la chute de la langue en arrière.

– Libérer les voies aériennes pour éviter l'accumulation de mucosités (salive liquide gastrique, vomissements). Mettre l'enfant sur le coté.

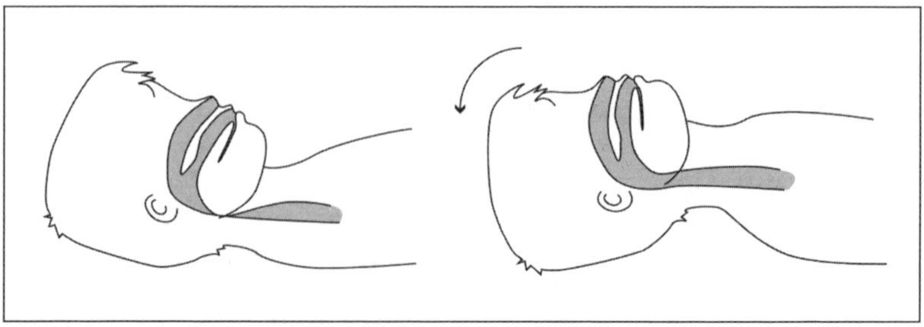

Figure 31. Le dégagement des voies aériennes.

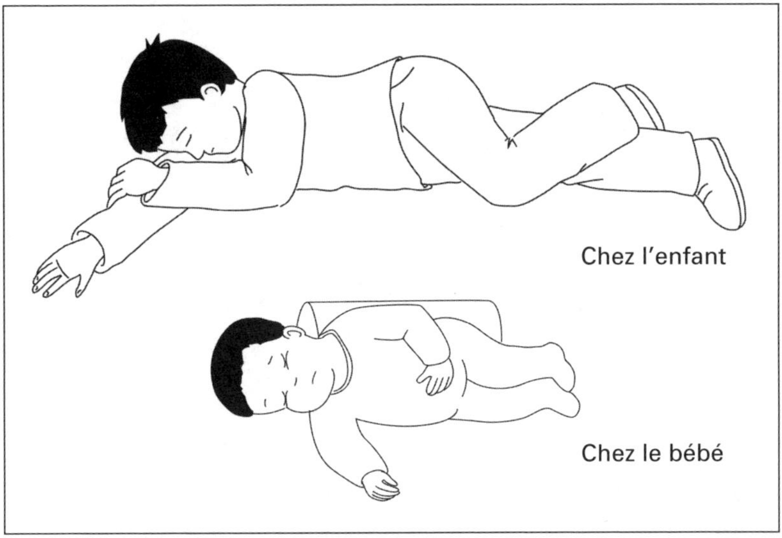

Figure 32. La position latérale de sécurité.

• Les brûlures

Attention : quelle que soit la cause, il faut arroser la partie brûlée d'eau fraîche pendant 5 min.

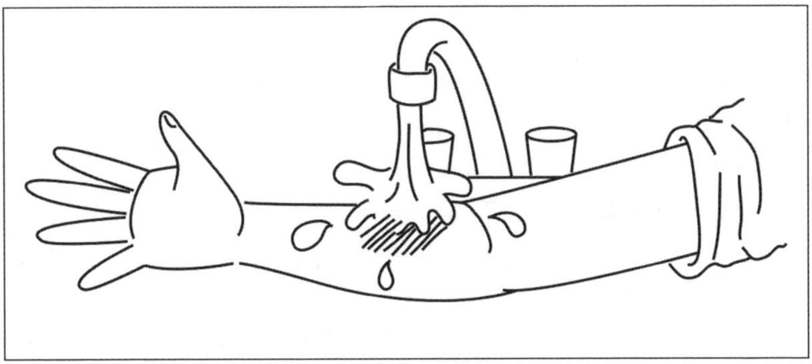

Figure 33. Les brulûres.

– En cas de brûlure simple

La peau est rouge.

→ Après arrosage de 5 min, posez un pansement et surveillez.

– En cas de brûlure grave

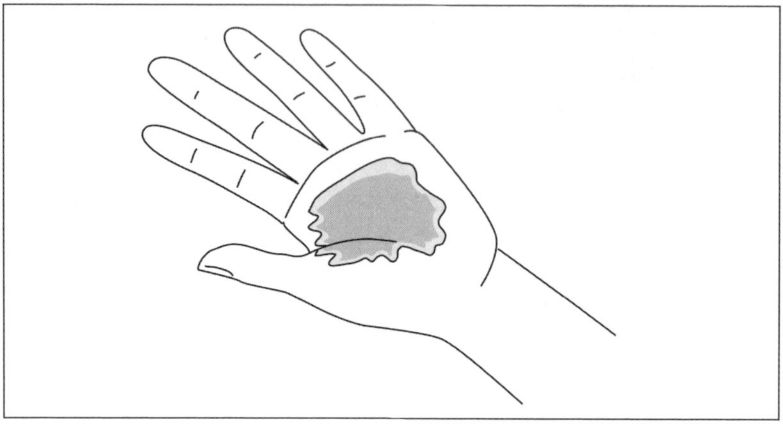

Figure 34. Les brulûres.

La partie brûlée dépasse en surface la moitié de la paume de la main de l'enfant et/ou se situe sur le visage ou à proximité d'un orifice naturel.

Attention : ne jamais crever la ou les cloques.

→ Après arrosage de 5-10 min, protégez la partie brûlée avec un linge propre et non pelucheux, allongez l'enfant, réconfortez-le, et appelez les secours : 15 SAMU ou 18 Pompiers.

Attention : n'appliquez aucun autre produit que de l'eau fraîche sans avis médical.

- L'ingestion de produits toxiques

Le pronostic dépend de la nature du produit ingéré, donc :

récupérez l'emballage, essayer d'évaluer la quantité absorbée, notez l'heure de l'ingestion.

Attention : ne rien faire avant d'avoir alerté les secours. Ne pas faire boire, ne pas faire vomir, ne donner aucun produit antidote sans avis médical. Appelez les secours : 15 SAMU ou 18 Pompiers.

- Les plaies

– Plaie simple : de type petite coupure ou éraillure (voir bobologie).

Figure 35. Les substances toxiques.

– Plaie grave : étendue et/ou profonde. Attention : il y a risque d'hémorragie, attention aux localisations à la tête, au visage et près des orifices naturels.

Allongez l'enfant, vérifiez qu'il n'y a pas d'objet inclus dans la plaie, mais n'essayez pas de les ôter vous-même. Si la plaie est propre, posez un pansement ou un linge propre et appuyez sur la plaie, maintenez un pansement avec un système compressif. Appelez les secours : 15 SAMU ou 18 Pompiers.

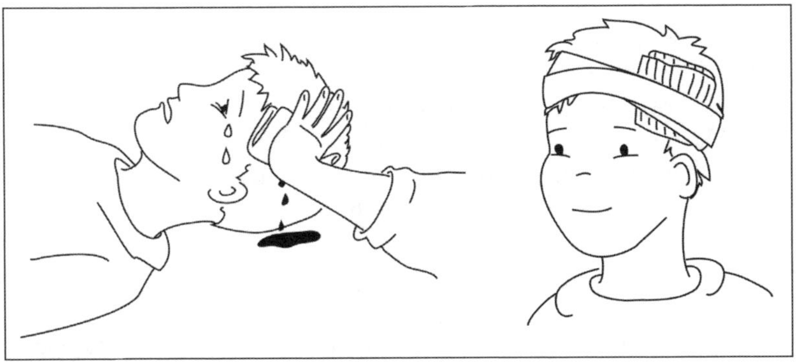

Figure 36. Les plaies.

- Les accidents des doigts

  – Doigt pincé. Attention : il y a contusion sans plaie. Surveillez.

  – Doigt tuméfié : le doigt est gonflé, l'ongle bleuit, se décolle ou se déchausse. Appelez les secours : 15 SAMU ou 18 Pompiers.

- Les fractures et les traumatismes articulaires

  – En cas de fracture : allongez l'enfant, immobilisez-le et réconfortez-le. Appelez les secours : 15 SAMU ou 18 Pompiers.

  – En cas de luxation du coude ou de l'épaule : l'enfant est dans l'incapacité totale de se servir de son articulation. Appelez les secours : 15 SAMU ou 18 Pompiers.

À noter

Cet accident se voit souvent lorsqu'un adulte soulève l'enfant par un bras, par exemple pour lui faire franchir un obstacle (tel un trottoir) ; évitez donc cette attitude.

Heureusement, de tels accidents restent rares chez l'assistante maternelle. Néanmoins, il peut arriver des petits problèmes sans gravité, qui peuvent être soignés à domicile.

Attention

Cet enfant n'est pas le vôtre, vous devez donc avertir les parents de la situation et obtenir leur accord pour les soins et/ou le suivi médical. N'utilisez aucun produit particulier sans protocole médical ou autorisation parentale.

- Les corps étrangers. Il existe de nombreux cas.

  – Les corps étrangers inhalés (aspirés)

  De loin les plus dangereux car, en fonction de leur taille, ils peuvent déterminer un état d'asphyxie par obstruction de la trachée. C'est alors un tableau d'urgence vitale (voir ce point).

➢ En cas de corps étrangers de très petite taille, il n'y a généralement pas asphyxie mais des complications bronchiques infectieuses par la suite : l'enfant doit être adressé à un service spécialisé d'oto-rhino-laryngologie (ou ORL).

– Les corps étrangers déglutis (avalés)
Il faut bien différencier les corps non blessants, sans danger pour le tube digestif, des corps pointus ou coupants (épingles, punaises...), qui risquent de brûler (piles) ou de blesser l'estomac et l'intestin.

➢ Si c'est le cas : l'enfant doit être conduit rapidement en service spécialisé de gastro-entérologie.

– Les corps étrangers dans les orifices (nez, oreille)

➢ Ils peuvent être ôtés, s'il sont visibles, à l'aide d'une poire nasale ou auriculaire. Sinon, il faut adresser l'enfant en consultation ORL.

– Les corps étrangers dans les yeux

➢ Ils peuvent être ôtés, s'ils sont non dangereux, à l'aide d'un coin de mouchoir ou de compresse. S'ils sont plantés dans la cornée (dans l'œil), ne tentez rien, posez un pansement couvrant bien l'œil et adressez l'enfant en consultation d'ophtalmologie.

– Les corps étrangers dans la peau

➢ Simples tels qu'épine, écharde, etc., ils peuvent être retirés, après désinfection, à l'aide d'une pince à épiler, voire d'une aiguille alcoolisée ou flambée. Les corps profondément enfoncés ou dangereux (verre, métal) doivent être retirés en milieu chirurgical.

... à la « bobologie »

Que va-t-on rencontrer dans le contexte dit de « bobologie » ? – Fichier alphabétique des accidents domestiques simples :

• Les bosses

Aspect gonflé (dû à un épanchement de sérosité apparaissant sur un plan osseux) après un choc.

➢ Apaisez la douleur et luttez contre le gonflement en appliquant des compresses froides (ou des glaçons).

• Les hématomes

Épanchement de sang sous la peau entraînant une coloration bleue ou violacée, d'où le nom de « bleu » communément employé, apparaissant après un choc ou un traumatisme.

➢ Faire des massages locaux à l'aide de pommade spécifique à base d'arnica.

• Les éraillures

Petites plaies souvent souillées, elles doivent être nettoyées avec un savon moussant correctement rincées et séchées. La pose d'un pansement n'est pas systématique.

➢ Ne pas utiliser de colorant asséchant tel que le mercurochrome ou l'éosine. Pour une meilleure surveillance de l'évolution de la plaie.

• Les saignements de nez

Maintenez l'enfant en position assise tête penchée en avant et appuyez sur la narine qui saigne jusqu'à hémostase.

➢ Ne mettez pas de coton dans la narine.

Limites professionnelles et responsabilités

Lorsqu'un accident arrive et blesse un enfant accueilli, la responsabilité de l'assistante maternelle est engagée.

Rappelons ici que vous devez souscrire une assurance professionnelle (voir chapitre 1) ; de même si vous êtes amenée à circuler en voiture avec l'enfant confié. Attention à l'autorisation parentale, à l'assurance du véhicule et à l'équipement de sièges homologués.

En dehors des situations d'urgence vitale où l'appel aux secours par le 15 ou le 18 est primordiale, vous devez contacter les parents pour les informer de la nature de l'accident et solliciter leur autorisation d'intervenir auprès d'un service médical ; vous devez également alerter votre service de PMI et déclarer l'accident.

Peut se poser le problème des autres enfants accueillis. Que faire pour eux lorsqu'il y a angoisse et agitation autour de l'enfant blessé ? En premier lieu, il convient de les éloigner, de les rassurer et de les rassembler dans un lieu sûr, pourquoi pas dans leur lit ! S'ils doivent être gardés par une tierce personne, veillez à respecter les demandes des parents et avertissez votre service de PMI de leur placement provisoire.

Certaines d'entre vous pourront trouver surprenant de ne pas voir figurer dans ce manuel la description des techniques de réanimation cardio-respiratoires. D'une part celles-ci sont très complexes, et doivent faire l'apprentissage de gestes très spécifiques, enseignés dans le cadre de l'AFPS, d'autre part les accidents avec risques vitaux sont très rares dans votre milieu professionnel. Conscientes de votre responsabilité, vous mettez tout en œuvre pour limiter les sources d'accident. Misez sur le tout sécurité !

Les situations particulières

Problèmes comportementaux

- Cas de l'enfant agressif

L'agressivité est universelle et est une manifestation normale chez l'enfant. Elle est réactionnelle face aux frustrations qu'il ressent. Parce qu'il n'a pas, lorsqu'il est tout petit, la possibilité verbale de s'exprimer, il va réagir avec son corps. Il frappe, griffe, mord, tire les cheveux… Il ne le fait pas pour faire mal mais pour se défendre.

Votre rôle

– Ne pas répondre à l'agresseur sur le même mode : tu tapes, je te tape, tu mords, je te mords, car on installe la violence comme mode de communication. C'est un très mauvais exemple éducatif car l'enfant ne comprendra pas que l'adulte fasse ce qu'il lui interdit de faire.

– Verbalisez votre mécontentement, et utilisez des interdits formels, tout en restant positive. Exemple de situation : tu as le droit d'être furieux contre ton petit camarade mais tu n'as pas le droit de le mordre ! Ou bien encore : tu peux mordre tes jouets, tu peux mordre dans la pomme, mais tu n'as pas le droit de mordre mon doigt !

- Cas de l'enfant qui n'a pas d'appétit

Ne pas avoir d'appétit est souvent confondu avec anorexie. Ce problème doit être banalisé dans la mesure où il n'entraîne pas de perturbation sur le développement de l'enfant.

Les causes du refus alimentaire peuvent être multiples. Citons pour exemple : une diversification trop précoce ou mal menée de l'alimentation, une lassitude alimentaire face à un certain type d'aliment, un état de faiblesse passagère lié à un état de maladie ou à une convalescence. Le refus est, la plupart du temps, passager.

Toutefois, les difficultés alimentaires posent souvent des problèmes relationnels car elles sont mal acceptées par l'adulte. Il faut dédramatiser la situation. L'enfant ne mange pas pour faire plaisir à l'adulte, mais parce que c'est un besoin à satisfaire. Il a le droit d'avoir faim ou non, d'aimer ou de ne pas aimer tel aliment.

Votre rôle

- Agissez dans un climat calme sans surcharge émotive ;
- assouplissez les horaires des repas ;
- présentez des mets bien préparés et « appétissants » ;
- faites se succéder les plats et débarrassez l'assiette sans commentaire.

Un seul principe à retenir : ne compensez pas et ne supprimez pas les autres plats. Donc pas plus de dessert, sous prétexte qu'il préfère le sucré, mais aussi proposer le dessert, même s'il n'a pas mangé sa viande et ses légumes.

Le petit enfant est très sensible au climat anxieux qui se met vite en place lorsqu'il refuse de manger. Mais, si vous respectez le symptôme, c'est-à-dire si vous acceptez la situation sans commentaire et sans émotion, donc sans remarque ni chantage, il comprendra rapidement que son attitude ne vous influence pas et cela peut suffire à débloquer la situation, surtout lorsque le refus alimentaire est d'origine psychologique.

- Cas de l'enfant victime de carence affective

La carence affective des premiers mois de la vie peut entraîner divers troubles du comportement, tels que des pleurs permanents témoignant de sa souffrance morale, de la prostration puis du détachement, témoignant de son isolement. Lorsqu'il ne reçoit pas de réponse à ses demandes affectives, l'enfant se replie sur lui-même, se ferme, refuse le contact physique et n'entre pas en communication par le sourire ou le langage. Il manifeste alors des troubles d'autosatisfaction tels que le balancement du corps et de la tête, le suçage exacerbé8e (doigts, jouets...) ; des troubles se mettent alors en place ayant, des répercussions sur son développement : troubles alimentaires, troubles du sommeil, attitudes auto-agressives...

Bien sûr, il ne faut pas penser que ces troubles soient définitifs. L'évolution positive de l'enfant dépendra de la prise en charge ultérieure et de la qualité relationnelle qui sera proposée.

Votre rôle

Soyez attentive et chaleureuse avec l'enfant et abordez le problème avec les parents. Si la situation semble être vraiment grave, alors contactez votre service de PMI.

• Cas de l'enfant coléreux

Comme l'agressivité, la colère s'inscrit dans le contexte d'une frustration mal vécue, d'où des émotions destructrices et violentes liées à un contrôle de soi encore très immature. C'est un sentiment légitime, mais qui est souvent mal accepté par l'adulte.

Elle s'exprime par des pleurs, des cris, des trépignements, quelquefois même par des crises au sol. Bien que naturelle, elle ne peut être encouragée comme mode de communication.

Votre rôle

– N'utilisez pas la violence en retour, ni en geste ni en parole ;

– isolez l'enfant, si besoin jusqu'à la fin de la crise en lui expliquant que vous ne pouvez rien faire pour lui tant qu'il n'est pas calmé ;

– reprenez le problème avec lui et expliquez clairement votre point de vue ; exemple : je comprends très bien que cela ne t'ait pas plu, mais je ne peux accepter une telle manifestation !

– Ne cédez pas au chantage et ne récompensez pas la colère. Dire : oh, arrête de crier, le voilà ton gâteau ! revient à donner raison à l'enfant de s'être mis en colère.

Un problème particulier peut être étudié ici, appelé spasme du sanglot, qui se voit chez certains enfants en difficulté relationnelle ou psychologique. Ce problème apparaît à l'issue d'une violente émotion telle que la colère dans un contexte de contrariété ou de frustration. L'enfant semble se « pâmer » : il bloque sa respiration, devient cyanosé (bleu) ou très pâle puis perd connaissance. Cette démonstration, très affolante, se retrouve toujours en présence d'une même personne, le plus souvent la mère, avec laquelle l'enfant entretient une relation affective conflictuelle.

Votre rôle

– Essayez de ne pas céder à l'affolement, ne créez pas d'agitation inutile autour de l'enfant, ne le giflez pas (ce que l'on a tendance à faire en présence d'une personne inconsciente) ;

– aidez l'enfant à reprendre sa respiration en posant un linge mouillé d'eau froide sur son visage (par la difficulté à respirer par le nez, il ouvre spontanément la bouche et donc reprend sa respiration) ;

– évitez la méthode coercitive (punitive, dure) qui consiste à le mettre directement sous le robinet ou la douche d'eau froide ;

– reprenez le problème avec l'enfant, une fois la crise passée, en lui faisant comprendre que cette manifestation ne vous influence pas et que vous ne céderez pas à son chantage.

- Cas de l'enfant hyperactif

Il est souvent qualifié de « difficile ». Toujours en mouvement, intrépide et d'une curiosité insatiable, il supporte mal les contraintes et ses réactions frisent souvent l'épreuve de force. C'est toutefois un enfant hypersensible et cela peut entraîner divers troubles (de l'alimentation, du sommeil...). Plus que tout autre enfant, il a besoin de compréhension et de stabilité conférée par la mise en place d'habitudes et de routine.

Votre rôle

– interrogez-vous sur vos limites d'acceptation de ce problème d'hyperactivité ;

– recherchez avec les parents un accord sur les grands principes éducatifs et de discipline.

- Cas de l'enfant jaloux

L'arrivée d'un autre enfant, avec lequel il va falloir partager l'affection, est toujours difficile à vivre, si elle n'a pas été préparée et expliquée.

La jalousie se voit en famille, entre enfants gardés et même face à vos propres enfants.

Votre rôle

– Expliquez que ce nouvel enfant pris en garde, c'est votre travail et que cela ne perturbe en rien l'amour ou l'affection que vous éprouvez pour eux ;

– soyez attentive aux problèmes de comportement : certains enfants manifestent extérieurement leur détresse par de l'agressivité, par des excès de turbulence, d'autres vont avoir des conduites régressives pour retrouver vis-à-vis de vous une certaine dépendance. Si la jalousie vient de l'arrivée d'un petit frère ou d'une petite sœur, parlez-en avec les parents ;

– accordez-leur un peu de temps personnel. Valorisez-les dans leur rôle de grand si cela est le cas. Ne vous moquez pas de cette attitude « bébé », ne les maintenez pas dans cette attitude mais ne vous opposez pas brutalement. Montrez-vous patiente et chaleureuse.

• Cas de l'enfant qui mord

Le problème de la morsure est complexe et souvent mal compris par l'adulte qui y voit une volonté de l'enfant de faire souffrir.

Chez le petit enfant de moins de 18 mois, il faut le voir autrement car il n'est pas encore sorti du stade de l'oralité. Il se sert de sa bouche pour connaître les choses, pour manifester de l'amour ou pour se défendre. De plus, les problèmes de poussée dentaire exacerbent la tendance à mordre. Pour soulager la tension douloureuse de ses gencives, on lui donne des objets durs à mordre. Mais sait-il, dans ce contexte, faire la différence entre votre doigt et le biscuit ? Apparaît alors l'interdit : tu ne dois pas me mordre !

Votre rôle

– N'ayez pas d'attitude agressive en paroles : sale gosse ! ou en acte : ne le mordez pas pour lui montrer ce que cela fait !

– verbalisez votre interdit ;

– aidez l'enfant à canaliser son énergie et à transformer sous une autre forme son mécontentement. Avec l'acquisition du vocabulaire, la pulsion de mordre sera remplacée par des paroles qui se veulent blessantes pour l'agresseur : vilain, pas beau et qui permettent à l'enfant d'asseoir sa domination sur les autres.

• Cas de l'enfant qui a peur

Tous les enfants développent des peurs irrationnelles, variables selon les tranches d'âge et touchant des secteurs très différents.

La peur de l'inconnu est une étape normale de l'éveil de l'enfant → évitez de prendre en garde un enfant dans la tranche d'âge difficile : 6-12 mois.

La peur de l'eau est plus inconstante. Elle est souvent réactionnelle à une mauvaise expérience : bain trop chaud, shampoing piquant les yeux, etc. Ne transformez pas la toilette en épreuve de force ; essayez de réhabituer l'enfant à l'aide de bains-jeux.

La peur du noir apparaît plus tard, vers 2-3 ans, à une époque de son développement où l'enfant a du mal à se situer entre réalité et imaginaire. Il a peur du méchant loup, du monstre, éléments inventés par lui mais qui sont le reflet d'un système éducatif mal adapté.

Votre rôle

– Ne vous moquez pas de lui, ne niez pas ses peurs ;

– parlez du problème avec lui et montrez-vous rassurante. Expliquez-lui que vous êtes là pour le protéger ;

– en cas de problème d'endormissement, accompagnez-le dans le sommeil et n'imposez pas le noir absolu.

- Cas de l'enfant qui pleure souvent

Certains enfants pleurent plus souvent que d'autres. Ces pleurs traduisent leur peur face à une situation qui les angoisse. Les causes peuvent être diverses : ennui, fatigue, problèmes psychologiques liés au placement mal vécu, etc.

Ils se calment dès que l'adulte s'intéresse à eux ou les prend dans ses bras. Ce type d'enfants pose souvent des problèmes car ils sont très exigeants et leurs pleurs permanents difficiles à supporter.

Votre rôle

Il n'y a pas d'attitude particulière à avoir dans ce cas. Vous devrez vous montrer patiente et chaleureuse avec cet enfant et surtout penser que, si vous refusez sa garde, il subira un nouveau changement, donc un nouveau stress, qui risque d'accentuer son problème. Il faut discuter des difficultés avec les parents de l'enfant, voir s'il a le même comportement en leur présence, envisager avec eux une consultation d'aide psychologique.

- Cas de l'enfant qui suce son pouce, ses doigts ou qui réclame une sucette

Le besoin de téter est fondamental. Outre sa fonction dans l'alimentation, le fait de sucer permet à l'enfant de se calmer et de maîtriser ses émotions. Il est d'ailleurs frappant de constater que l'adulte a du mal à comprendre ce besoin alors que lui-même, s'il est fumeur, passe ses journées avec une cigarette dans la bouche. Ce plaisir est important chez l'enfant et doit être respecté.

Certains enfants se calment en suçant leur pouce ou leurs doigts. D'autres n'ont pas découvert cette possibilité, alors pourquoi leur refuser la sucette (tétine) ? Pour beaucoup, cette sucette rend l'enfant dépendant et est antihygiénique. Elle peut néanmoins être très utile à condition de ne pas s'en servir comme « bouchon », pour empêcher l'enfant d'exprimer une insatisfaction.

En grandissant, l'enfant découvrira d'autres sources de plaisir et dépassera ce besoin. Il ne faut donc pas s'alarmer. Autre point souvent évoqué dans ce contexte : les problèmes dentaires ultérieurs, ce qui n'est pas prouvé !

Votre rôle

– N'ayez pas d'attitude coercitive, n'utilisez pas de brimade « antipouce » ;

– essayez de limiter l'utilisation de la sucette aux problèmes d'endormissement ou aux périodes d'angoisse chez l'enfant ;

– permettez à l'enfant d'être indépendant, en mettant plusieurs sucettes dans le lit, mais bannissez les cordons (attention aux risques d'accident par strangulation).

- Cas de l'enfant qui touche ses organes génitaux

Tous les petits enfants explorent leur corps et, lorsqu'ils sont sans couche, découvrent leur sexe et le manipulent. Ces manipulations sont normales et s'inscrivent dans l'éveil de la sexualité.

C'est l'adulte, par ses réprimandes et son attitude culpabilisante, qui fait naître les idées de « mal » et de « honte ». Cet acte doit être banalisé.

Votre rôle

– Ignorez le problème (qui n'en est pas un) ;

– n'utilisez pas de punition, ni de geste (frapper la main de l'enfant) ou de parole (Si tu continues, ton zizi va tomber), ce qui fait naître chez l'enfant, outre les sentiments de honte, des sentiments d'angoisse ;

– n'utilisez pas de vocabulaire culpabilisant comme : C'est sale !

- La crise anxieuse

Entre 6 et 12 mois, l'enfant traverse une crise psychologique difficile. Jusque-là, il vivait en symbiose avec sa mère. Maintenant, il commence à la différencier des autres personnes et comprend qu'elle est distincte de lui. Il a peur de la perdre et manifeste son angoisse par des pleurs dès qu'elle disparaît.

Cette attitude est liée au fait qu'il ne connaît pas la permanence des êtres et des choses, il n'a pas d'image mentale. Donc, quand sa mère n'est pas présente, il se sent abandonné. Il n'a pas non plus la notion du temps : 1 heure, 1 semaine ne sont pas mesurables par l'enfant. De même, la notion de bientôt ne représente rien pour lui, nous l'avons vu.

Il développe, pendant cette même période, des sentiments d'angoisse pour tout ce qui perturbe sa routine et ses habitudes. Il refuse tout changement et a peur de tout ce qui lui est inconnu, personnes ou choses.

C'est donc une très mauvaise période pour envisager le placement de l'enfant.

Notons que durant cette période va apparaître l'objet transitionnel. Qu'il soit appelé Doudou, Néné, Nainnain, etc., qu'il soit beau ou laid, propre ou sale, poupée, peluche ou simple morceau de tissu, c'est un objet important pour l'enfant, et un élément qui va permettre une transition (d'où son nom) d'un état de fusion avec la mère vers un état de reconnaissance de celle-ci comme étant différente de lui.

Il permet à l'enfant de se rassurer contre l'angoisse de la séparation. Cet objet console, réconforte en cas de chagrin et, imprégné de l'odeur de la maison, remplace provisoirement la maman.

Tous les enfants ont une façon bien particulière d'utiliser cet objet. Certains le sucent, d'autres le manipulent, mais tous ont pour lui une câlinerie affectueuse. Chez l'enfant plus grand, il sert aussi bien à manifester de l'amour qu'à assouvir des attitudes agressives.

Par l'importance qu'il revêt, il ne devra jamais être refusé à l'enfant qui le réclame. Il ne devra pas être dévalorisé aux yeux de l'enfant, ni être l'objet de chantage éducatif.

- La crise d'opposition

À partir de 18 mois, l'enfant affirme sa personnalité et, grâce à ses progrès moteurs, devient de plus en plus autonome. C'est l'âge de la curiosité insatiable, de l'exploration et des découvertes. C'est aussi l'âge de l'apprentissage du permis et du défendu, du bien et du mal.

L'adulte, soucieux de la sécurité de l'enfant, va multiplier les interdits. Le non devient alors le mot le plus utilisé : NON, ne fais pas ça !, NON, ne touche pas à ça !

À son tour, il va utiliser le non pour s'opposer à l'adulte, d'où le nom d'opposition.

Une phrase résume bien cette situation : l'enfant se pose en s'opposant.

Toutefois, cette crise est éprouvante pour l'adulte comme pour l'enfant. Il est indispensable que l'enfant trouve en face de lui une personne faisant preuve de fermeté, pour qu'il comprenne que sur les points importants comme sa sécurité, ce n'est pas lui qui décide. Il faut lui expliquer son point de vue et son action, lui faire comprendre qu'il y a des limites à respecter et savoir, si nécessaire, imposer son autorité en disant : maintenant, ça suffit !

• Le complexe d'Œdipe

Vers 3 ans, l'enfant se met à aimer d'amour son père et sa mère. Mais ce sentiment est ambivalent car une force particulière, appelée libido, l'attire plus particulièrement vers le parent de sexe opposé : le petit garçon est « amoureux » de sa mère, la petite fille de son père. Il y a donc apparition d'une forme de rivalité entraînant des sentiments de jalousie. Perturbé par ces sentiments, l'enfant se sent coupable et troublé. Mais cette évolution affective est normale. Elle ne deviendrait pathologique que si elle se prolongeait et devenait névrose de l'adulte. C'est parce qu'il se sentira compris par ses parents et qu'il trouvera sa place dans la famille que l'enfant se débarrassera de ses tensions et dépassera le problème.

• La découverte de la sexualité

L'enfant va passer par plusieurs stades : stade oral où la sensation de plaisir est étroitement liée à la bouche ; stade anal où l'enfant découvre ses possibilités d'action sur son sphincter anal et le plaisir de retenir ou d'évacuer une selle ; enfin, le stade phallique (vers 3 ans), où il découvre la différence entre les sexes.

Dès l'apprentissage de la propreté, il a pu découvrir son sexe et le plaisir ressenti lors de sa manipulation. Il a pu découvrir également la différence anatomique entre le sexe du petit garçon et de la petite fille.

À toutes ces découvertes, une explication claire et honnête doit être donnée à l'enfant :

– le petit garçon a un zizi, comme son papa ;

– la petite fille en a un aussi mais moins visible, comme sa maman.

Il faut éviter que la petite fille se sente dévalorisée par l'absence de ce pénis et que le petit garçon soit perturbé par la crainte de perdre ce pénis. Il faut donc avoir une attitude naturelle, et ne pas introduire d'idées de honte vis-à-vis des organes génitaux.

MALTRAITANCE

Rappelons ce qui constitue la maltraitance : un enfant maltraité n'est pas « seulement » un enfant victime de sévices corporels ou même sexuels ; c'est aussi quelquefois – ou en association aux cas précédents – un enfant victime de délaissement, de carences (manques) en soins et en affection.

Les sévices corporels laissent des traces et sont donc facilement repérables. Ce sont des traces de coups, des hématomes, des ecchymoses, des plaies, des brûlures, des alopécies (arrachement de cheveux par plaques), etc., quelquefois même des fractures des membres et des traumatismes crâniens.

Les sévices sexuels sont beaucoup plus difficiles à mettre en évidence dans cette tranche d'âge, mais ne doivent pas être oubliés dans l'enquête médico-sociale ouverte après la découverte de la maltraitance.

Les sévices par carence en soins sont également visibles et mesurables : mauvaise hygiène générale et corporelle, croissance anormale…

Les sévices psychologiques ou par carence affective doivent être mis en évidence par une observation attentive de l'enfant, qui va manifester des comportements anormaux : passivité ou agressivité, quelquefois même auto-agressivité, balancement de la tête et du corps, problèmes alimentaires tels que anorexie ou mérycisme (stockage des aliments dans la bouche, régurgitation volontaire et mâchonnement permanent des aliments), énurésie et encoprésie (incontinence au niveau des urines et des selles), troubles du sommeil*, etc.

Tout problème doit faire l'objet d'un signalement auprès des services locaux de protection maternelle et infantile (PMI) . Il ne s'agit pas là de dénoncer une famille mais de demander protection pour un enfant que l'on sent en danger physique et moral.

Vous pouvez également appeler le numéro vert national de l'enfance maltraitée : 08 00 05 41 41 ou 119.

Attention

Il ne faut pas s'inquiéter inutilement lorsqu'un enfant présente, de façon isolée, certains des signes nommés ci-dessus (tels que l'énurésie ou les troubles du sommeil). Seule une observation attentive de son comportement général permettra de repérer l'association de plusieurs signes et de soulever le problème de la maltraitance.

Rappelons ici que la connaissance de maltraitance sur enfant vous libère du secret professionnel.

Bébé secoué

Le syndrome du bébé secoué regroupe les blessures infligées à un enfant par des secousses brutales, qui entraînent des séquelles neurologiques graves en raison de lésions cérébrales.

Secouer un enfant de manière violente et répétée écrase le cerveau dans la boîte crânienne. Il peut y avoir ruptures de vaisseaux, lésions des tissus cérébraux et quelquefois enflure du cerveau pouvant causer la mort.

Attention

Il ne faut jamais secouer un bébé pour quelque raison que ce soit.
S'occuper d'un bébé est une tâche exigeante. Il peut arriver que l'adulte fatigué ou déprimé maîtrise mal ses émotions, lorsque l'enfant lui pose un problème de prise en charge, principalement par des cris incessants, que l'on ne parvient pas à identifier ou apaiser.
Si une telle situation vous arrive, ne restez pas seule avec l'enfant. Essayez de trouver de l'aide autour de vous. Isolez l'enfant le temps de retrouver un peu de sérénité et passez le relais.
L'apprentissage de ses propres limites est difficile, de même que le fait de ne pas les dépasser pour rester maître de la situation. Parlez-en avec votre équipe de PMI.

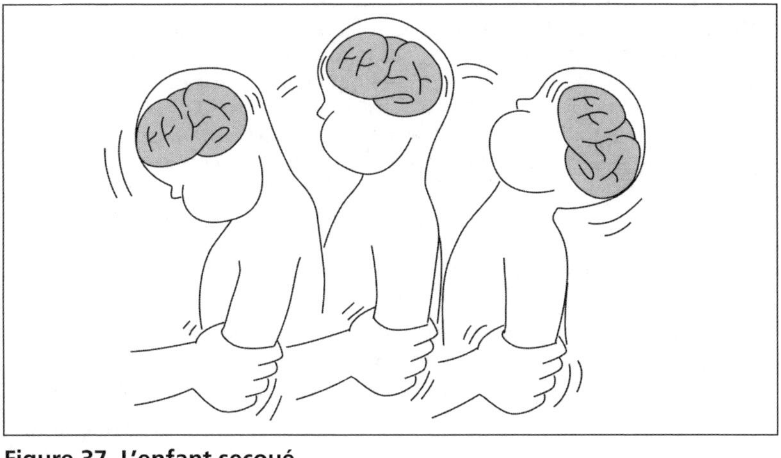

Figure 37. L'enfant secoué.

La mort subite du nourrisson

Mort brutale et inopinée d'un nourrisson apparemment en bonne santé, âgé de moins de 1 an, avec un pic de fréquence entre 2 et 4 mois, survenant au cours d'une période de sommeil par arrêt cardio-respiratoire. L'examen post mortem ne permet pas toujours de trouver une cause adéquate de la mort, ce qui rend le décès de l'enfant terriblement choquant. La mort subite n'est, d'ailleurs, pas souvent due à une seule cause précise (méningite par exemple), mais à un faisceau de causes souvent bénignes, telles que difficultés respiratoires, hyperthermie, reflux gastro-œsophagien, situation de stress, qui, réunies, peuvent déclencher le processus de mort subite. Il est à signaler que l'enfant peut être trouvé mort dans son berceau, son landau, son siège-auto, voire dans le sac kangourou.

Une prévention simple doit être mise en place.

Pour lutter contre les risques de confinement, d'étouffement et d'hyperthermie ;

- dans une pièce moyennement chauffée (19-20 °C), régulièrement aérée et maintenue à l'abri du tabagisme ;
- surveillance des problèmes digestifs et mise en proclive (position fortement relevée ou semi-assise) en cas de reflux gastro-œsophagien ;
- surveillance attentive de l'enfant pendant les périodes de sommeil.

➢ Il est rare d'assister au malaise de l'enfant, mais il convient d'être très attentif aux signaux d'alerte tels que : une grande pâleur, des difficultés respiratoires, etc., qui peuvent se voir pendant des épisodes de pleurs ou de prise alimentaire. Il faut alors secouer **avec précaution** le bébé pour l'aider à reprendre sa respiration et appeler les secours au 15 ou au 18. La mise en place d'une réanimation cardio-respiratoire ne peut être envisagée que par une personne ayant effectué des stages de secourisme.

Les maladies chroniques et les handicaps

- Il existe des maladies chroniques qui nécessitent des traitements spécifiques souvent lourds. Nommons pour exemple :
  - les vomissements chroniques dus aux malformations digestives ;
  - les diarrhées chroniques par état d'intolérance aux sucres, aux protéines du lait de vache, au gluten, etc. ;

– la mucoviscidose, etc.

La décision de garde d'un enfant atteint d'un tel problème doit être réfléchie, car la prise en charge est souvent lourde.

Rappelons ici que la loi de 1992 prévoit un mode de rémunération particulier pour l'assistante maternelle prenant en charge un enfant recevant un traitement particulier.

- Il existe également des handicaps qui posent des problèmes de garde. Nommons quelques handicaps :

  – le handicap sensoriel : enfant aveugle ou malvoyant, enfant atteint de surdi-mutité ou malentendant ;

  – le handicap moteur avec paralysie ou troubles du tonus ;

  – le handicap cérébro-moteur, associant les problèmes moteurs à une déficience mentale ;

  – le handicap mental par atteinte cérébrale ou aberration chromosomique, comme dans le cas du mongolisme.

Donc toutes sortes de situations très difficiles sur le plan de la prise en charge, car l'assistante maternelle n'a pas de formation spécifique pour faire face à ces situations. La décision de garde d'un enfant handicapé devra donc être mûrement réfléchie.

PARTICIPER À L'ÉDUCATION DE L'ENFANT

FAVORISER L'AUTONOMIE MOTRICE ET TECHNIQUE DE L'ENFANT

Pour un jeune enfant, devenir autonome, c'est acquérir une certaine forme d'indépendance. Il le devient progressivement sur le plan moteur, par ses possibilités de déplacement.

- Le retournement

Il a acquis la possibilité de bouger par lui-même, du ventre sur le dos, puis du dos sur le ventre. Vous pouvez l'aider en dégageant bien son bras côté intérieur et en pliant la jambe côté extérieur en « chien de fusil ». Aidez ensuite l'enfant à rouler en tirant légèrement sur son autre bras au début, puis stimulez-le dans le mouvement à l'aide d'un jouet qu'il souhaitera attraper.

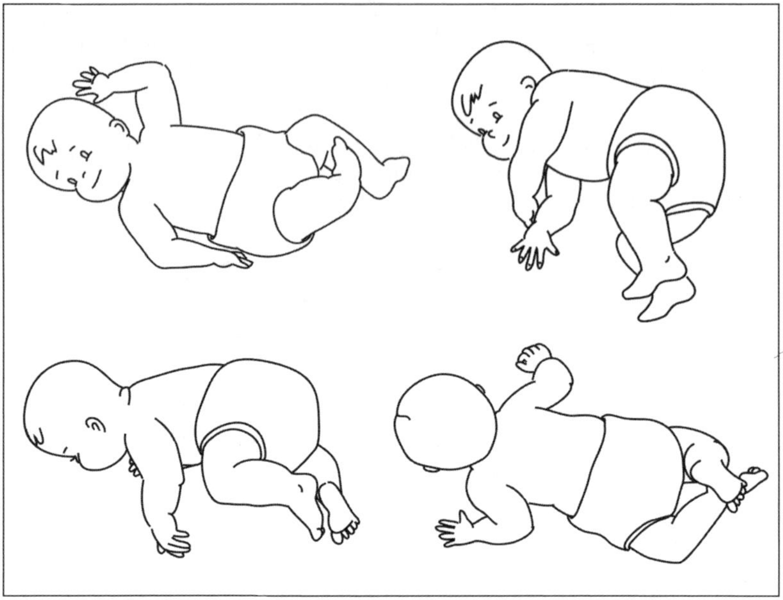

Figure 38. Les 4 étapes du retournement dos-ventre.

- Le ramping, puis la marche à quatre pattes

Il a acquis la possibilité de se déplacer sur le sol. Cette acquisition n'est possible que si l'enfant bénéficie d'une certaine liberté sur le sol. Il faut donc être très vigilante et accentuer votre attitude préventive des accidents domestiques, et adapter la tenue vestimentaire de l'enfant à ses activités motrices : supprimer les robes embarrassantes, mettre des chaussures ou laisser les pieds nus pour éviter que l'enfant glisse, préférer des vêtements souples ou élastiques...

Vous pouvez l'aider à apprendre à ramper en faisant une butée au niveau de ses pieds avec votre main ou votre corps. Ainsi, l'enfant pourra pousser sur ses jambes et trouvera l'impulsion vers l'avant nécessaire au déplacement.

Pour la marche à quatre pattes, il faut laisser l'enfant évoluer librement. Certains enfants ne sauront jamais marcher à quatre pattes, d'autres se déplaceront à grande vitesse. Pour que l'enfant puisse avancer, il faut qu'il se sente capable de se mettre en appui sur 3 ou même 2 membres, et qu'il comprenne la notion d'alternance rythmée (avancer alternativement mains et genoux).

• La marche

L'enfant est seul juge de ses capacités. On n'apprend pas à un enfant à marcher, on lui permet seulement de s'enhardir et de s'entraîner. Il faut qu'il soit capable de se mettre debout seul, de se déplacer, dans un premier temps sur le plan latéral avec un appui, avant de s'élancer vers l'avant, face au vide.

L'enfant ne marche pas pour vous faire plaisir, donc inutile de l'attirer par un chantage quelconque. Laissez-le découvrir seul ses possibilités. Chaque enfant évoluera à son rythme, certains marchent dès 9 ou 10 mois, d'autres n'y parviennent que vers 18 mois.

Si vous souhaiter le stimuler, retenez deux règles :

– ne lui imposez jamais de séances de marche « forcée » ;

– ne le faites pas marcher en lui tenant les bras levés au-dessus de la tête.

Baissez-vous à sa hauteur et sécurisez-le au niveau de ses hanches ou en lui tenant les mains, mais en vous plaçant derrière lui.

• Cette autonomie motrice va se doubler rapidement d'une autonomie technique

L'enfant va vouloir faire « tout seul » : manger seul, se laver seul, s'habiller seul... Aux yeux de l'adulte, il n'en est pas capable ou bien il le fait mal, donc on limite ses possibilités d'action. Mais le petit enfant a besoin de multiplier les expériences, et c'est par leurs répétitions qu'il acquiert la technicité. Bien souvent, on ne le laisse pas prendre d'initiative parce qu'on le juge trop petit, trop faible, trop immature. Notre attitude est faussée par nos réactions d'adulte :

– ne pas vouloir qu'il se blesse, c'est normal ;

– mais ne pas le laisser vivre certaines expériences qui sont pourtant sans danger pour sa sécurité et en notre présence, c'est frustrant pour l'enfant.

L'enfant n'est pas un adulte en miniature. Il ne raisonne pas comme nous, ne voit pas les choses comme nous. Il a un regard différent du nôtre sur les choses et les gens, et différent même en fonction de son âge et des étapes de son développement. Pour l'aider à acquérir cette autonomie technique, il faut lui faire confiance, suivre de près ses progrès moteurs et être très attentive à ses désirs et efforts d'indépendance. L'enfant peut être comparé à un jeune arbre. Celui-ci est souvent maintenu par un tuteur, qui ne l'aide pas à grandir mais à pousser droit.

À vous de mettre en place cet environnement sécurisant pour l'enfant, sans oublier l'affection car, comme on l'a déjà vu, c'est parce qu'il se sent aimé qu'il accepte de grandir, de se développer et qu'il prend confiance en lui.

Figure 39. Devenir autonome.

Participer à l'éveil de l'enfant

Les relations adulte et enfant

L'amour, l'affection, la tendresse sont indispensables pour assurer à l'enfant un développement harmonieux. Il faut donc prendre l'enfant dans ses bras, le câliner, le consoler lorsqu'il est malheureux ou mal à l'aise, l'encourager lorsqu'il est confronté à l'échec, mais il faut également prendre le temps de jouer avec lui, de l'aider à découvrir tout ce qui l'entoure, dans toutes les situations de la vie.

On constate, depuis plusieurs années, qu'il existe une véritable explosion des jouets destinés à l'éveil du très jeune enfant. Ils portent d'ailleurs des noms tout à fait évocateurs : tableaux d'éveil, tapis de découverte, hochets multifonctions, etc.

Du coup, l'adulte responsable pense que cela est suffisant et délaisse sa fonction d'éducateur. Il s'est peu à peu désintéressé de toutes les actions directes avec l'enfant, telles qu'elles existaient autrefois, et juge les jeux corporels, accompagnés de ritournelles ou de comptines, comme débiles ou dépassés. Mais laquelle d'entre vous n'a pas été émue jusqu'aux larmes devant le premier rire aux éclats du bébé à qui vous faisiez des petits guili-guili ?

Si l'on fait une étude sérieuse de ces petites chansons ou comptines, transmises la plupart du temps par voie orale, de génération en génération, on constate qu'elles sont parfaitement adaptées au développement de l'enfant, et qu'elles ponctuent et valorisent un progrès du bébé.

Pour rendre cette étude plus facilement utilisable, reprenons les différents stades du développement de l'enfant.

▶ **Stade 1 :** de 0 à 3 mois

L'enfant apprécie toutes les expériences sensorielles.

- Il aime écouter et observer : prenez, par exemple, une balle rouge dans votre main. Faites-la passer de la main droite vers la main gauche en chantant : Tantôt ici, tantôt là, elle est partie, la revoilà...
- Il aime être caressé : faites-lui des chatouillis à l'occasion des changes ou de la toilette, ou à l'occasion de ses diverses activités. Vous pouvez ainsi faire participer l'enfant lors de ses soins ou le conduire vers un jeu ou même vers le sommeil. Pouët, pouët, un petit coup sur les fesses. Pouët, pouët, un peu sur les gambettes. Pouët, pouët, fais-moi une risette... Guili-guili, la petite souris, guili-guili, vient faire son nid, guili-guili dans ton lit...
- Il aime être câliné. Par exemple, s'il pleure, chantonnez-lui : ouin, ouin, ouin, c'est assez vilain, hi, hi, hi, c'est bien plus joli, ah ah ah, viens dans mes bras...

> À vous d'inventer la mélodie qui va avec, si vous ne connaissez pas ces chansonnettes, ou d'en chanter d'autres. Vous pouvez aussi acheter des cassettes ou des disques pour en découvrir avec l'enfant, que vous lui rechanterez ensuite. Cette remarque est valable pour tous les stades.

▶ **Stade 2 :** de 3 à 9 mois

L'enfant aime les jeux de mouvement, les jeux qui développent ses progrès moteurs, qui l'aident à prendre conscience de son schéma corporel.

- Avec les bras et les mains

Clap, clap, clap, les petites mains frappent, tapent, tapent, tapent et font bravo...

Oh hisse oh, les bras en haut, oh hisse oh, vers le Kilimandjaro...

Tourne, tourne joli petit moulin...

Ainsi font, font, font les petites marionnettes...

- Avec les doigts

– en allant du pouce vers l'auriculaire : le bœuf, la vache, celui qui les détache, celui qui les mène au champ et le riquiqui qui court devant...

– en cachant son pouce dans sa paume de main : toc, toc, toc, monsieur pouce es-tu là ? Me voilà !

- Avec les jambes et les pieds

Petits petons, picoti, picoton, petits talons, gratouillis, gratouillons, petits lardons, chatouillis, chatouillons...

- Il aime jouer à cache-cache

Où suis-je (cachez votre visage derrière vos mains) ? Je suis là (en découvrant votre visage) !

Où est le bébé (cachez votre visage avec un linge) ? Le voilà (retirez le linge ou laissez l'enfant essayer de le faire seul) !

- Il aime également les situations remuantes, où il apprend à surmonter sa peur parce qu'il fait confiance en l'adulte qui le tient sur ses genoux.

Bateau sur l'eau, la rivière, la rivière...

Scions, scions du bois, pour la mère Nicolas...

À dada sur mon bidet...

Do, ré, mi, la perdrix, mi, fa, sol, elle s'envole, fa, mi, ré, dans un pré, mi, ré, do, tombe à l'eau...

Clop, clop, clop, pataclop, je galope, clop, clop, clop, je galope, et stop !

- Il est souvent excité par ses activités et peut avoir du mal à trouver le sommeil.

Chut, chut, plus de dispute, plus de culbute, plus de bruit, plus de cri, bébé s'est endormi...

À tout à l'heure, mon petit chéri, un gros câlin pour que tu dormes bien, un gros bisou, parce que je t'aime beaucoup…

▶ **Stade 3 :** de 9 à 18 mois

L'enfant découvre le monde et aime imiter l'adulte. S'il vous suit lorsque vous faites le ménage, il se peut qu'il ait peur du bruit de l'aspirateur.

- Expliquez-lui ce qu'est cet instrument avec cette comptine.

Il avance, il avale, il mange les moutons. Qui est ce glouton, au ventre tout rond ? C'est l'aspirateur qui nettoie le salon !

- Il découvre le nom des parties de son corps.

Alouette, gentille alouette, alouette je te plumerai ! Je te plumerai la tête… le cou… les bras… etc.

Un petit chardon, don, don, ça fait des boutons, ton, ton, ton, qui grattent le doigt, qui grattent le bras, qui grattent le pied et le bout du nez…

- Les noms des vêtements

Promenons-nous, dans les bois, pendant que le loup n'y est pas, s'il y était, il nous mangerait. Loup, y es-tu, m'entends-tu, que fais-tu ? Je mets ma culotte… ma chemise… mes chaussettes…

Gouttes, gouttelettes de pluie, mon chapeau se mouille, goutte, gouttelettes de pluie, mes souliers aussi…

- Il aime les petites comptines simples à mimer.

Frappent, frappent les petites mains, tourne, tourne, le petit moulin…

Meunier, tu dors ? Ton moulin, ton moulin va trop vite…

▶ **Stade 4 :** de 18 mois à 3 ans

Il découvre, qu'outre ses relations avec l'adulte, il peut trouver du plaisir dans des relations avec d'autres enfants. On peut alors lui proposer des activités simples de groupe par l'utilisation de rondes :

Dansons la capucine… Sans oublier le moment le plus drôle : You, les petits cailloux…

ou d'enfilades :

C'est le p'tit train de Paris-Bordeaux, comme il roule, comme il roule, c'est le p'tit train de Paris-Bordeaux, comme il roule, attendez-nous…

Il s'éveille au langage et découvre le plaisir des mots « scabreux ». Quel enfant de 2-3 ans ne se plie pas de rire en entendant des comptines où sont prononcés des mots qu'il juge grossiers ?

Une vache qui pisse dans un tonneau, c'est rigolo, mais c'est pas beau !

Une souris verte, qui courrait dans l'herbe... Je la mets dans ma culotte, elle me fait trois petites crottes...

Activités

Les travaux manuels sont intéressants pour l'enfant car ils développent son habileté et ses goûts artistiques de manière agréable et ludique. Que proposer ?

De nombreux supports ménagers peuvent être utilisés pour des activités simples comme :

- Rouler – dérouler

  Autour d'un cylindre en carton ou d'une bouteille, à l'aide de laine ou de ficelle.
- Serrer – écraser

  Avec du papier bulle pour emballage.
- Emboîter

  Avec des boîtes en carton de tailles différentes.
- Aplatir – étirer

  Avec de la pâte à modeler.
- Creuser

  Dans une boule de pâte à modeler ou de terre, en activité extérieur bac à sable ou jardinage.
- Trier
  - Des perles par couleur.
  - Des formes.
  - Des jouets avant rangement.
- Enfiler
  - Des perles sur un fil.
  - Des anneaux sur un bâton de bois.
- Souffler

  Sur des bulles de savon.

- Détruire – Faire disparaître
  – En gribouillant un dessin.
  – En collant des morceaux de papier sur une affiche.
  – En déchirant de vieux catalogues de vente par correspondance.
- Transvaser
  – Sable, semoule, riz…
  – Jeux d'eau.
- Encastrer
  Utilisation de la boîte à forme.
- Recréer une image préalablement découpée en trois morceaux
- Dénouer
- Défaire des nœuds sur une cordelette
- Froisser
  Du papier journal et tout support papier (transparent, métallique, etc.).
- Découvrir et comparer
  – Tailles différentes.
  – Ce qui est mou, dur, rigide, souple, sec, humide, gros ou petit.
- Construire – détruire
  Des tours faîtes avec des pots de yaourt, des pyramides de boîtes.
- Peindre au pinceau ou au feutre
  Avec un support mural et activité libre ou avec l'aide de l'adulte pour réaliser un décor.

> ➢ Attention à la non-toxicité des produits utilisés.

- Peindre à l'éponge
- Coller
  Avec proposition de l'adulte et après découpage pour les plus grands.
- Pétrir
  Sable, semoule, pâte à sel, pâte à gâteaux.
- Modeler
  Avec proposition de l'adulte et supports.
- Exercer sa dextérité
  Piquage → plaque de bois ou de carton et lacets de chaussure.

Utilisation de pinces à linge, de pinces à escargot.
Pêche à la ligne.
Boîte à exercice → lacer, boutonner, presser, zipper…
Panier de basket petite balle et poubelle pour papier.

- Toucher
  - Différents papiers.
  - Différents tissus.

Connaître quelques recettes

- La pâte à modeler
  2 pincée de sel fin
  8 c. à café de bicarbonate de potassium
  4 tasses d'eau chaude
  4 c. à soupe d'huile
  Du colorant alimentaire

Faire chauffer en tournant et pétrir jusqu'à obtenir une boule → se conserve au frais.

- La pâte à sel
  2 verres de farine
  2 verres d'eau
  1 verre de sel

Malaxer → se cuit 2 heures à feu doux.

Ainsi que pour les activités « pâtisserie »

- La pâte sablée
  200 g de farine
  2 c. à soupe de sucre
  1 pincée de sel
  100 g de beurre
  Un peu d'eau

Pétrir et former une boule, laisser reposer, étaler la pâte au rouleau et découper à l'emporte-pièce → se cuit environ 30 min. Th. 7.

Intérêt : les enfants travaillent les pâtes à la main et peuvent goûter les différents ingrédients.

Vous le voyez, pas besoin d'investir des sommes folles pour occuper un petit enfant !

Rôle de l'assistante maternelle

– ne jamais imposer une activité à l'enfant et faire attention à l'âge de celui-ci ;
– une activité difficile décourage vite et une trop facile lasse ;

– prévoir une sécurité maximale et la faire respecter, et un encadrement vigilant ;
– le jouet ou le jeu ne doit comporter aucun élément dangereux ;
– participer par la parole en nommant les actions et les ingrédients ;
– respecter la créativité de l'enfant et ne porter aucun jugement de valeur sur sa réalisation ;
– ne jamais laisser traîner son propre matériel de préparation d'activité : ciseaux, agrafeuse, cutter ou autre objet dangereux.

Supports de la découverte

Vont être étudiés dans ce point les principaux supports de la découverte :

▶ **Les livres :** *livres à regarder, à commenter, à écouter (contes)...*

- Ils plaisent par leurs couleurs, leurs formes, par la qualité du papier utilisé (il n'est pas rare de voir un enfant caresser le livre qu'il regarde), par leur format (petit, il est facilement manipulable et individuel, grand, il peut servir d'attraction pour plusieurs enfants). Ils séduisent par la multiplicité des découvertes qu'ils proposent. L'enfant aime retrouver dans les livres les scènes de la vie à la maison, en famille, dans la rue, en vacances, etc. Il aime que l'adulte lui décrive les images et les situations, ce qui lui permet d'enrichir son vocabulaire.
- La manipulation du livre est une activité riche et essentielle pour l'enfant, qui doit se faire dans un champ de liberté et de plaisir pour l'enfant. Il est donc important de proposer des livres de bonne qualité pour que l'enfant puisse les conserver longtemps et acquérir ensuite l'envie de les lire.
- À l'âge où l'enfant préfère déchirer ou froisser le papier, il est préférable de lui proposer de gros catalogues de publicité ou de vente.
- De tout temps, les enfants ont aimé écouter des histoires, qui quelquefois se transmettent de générations en générations et de bouche à oreille. C'est ce qui fait la richesse et la multiplicité des cultures régionales ou même nationales (exemple : en France, les contes de Perrault, en Allemagne, les contes de Grimm, etc.). Ces

histoires leur permettent de vivre un monde imaginaire où ils peuvent s'identifier à des héros courageux, à des personnages astucieux, à des princesses, etc.
Le conte peut être oral, lu dans un livre (c'est alors un acte d'écoute et d'observation pour l'enfant si le livre est illustré), ou récité de mémoire (dans ce cas intéressant, le conteur – vous – a les mains libres pour mimer son texte), voire inventer. Il peut être également écouté à l'aide d'un disque ou d'une cassette.

- Il est important que l'enfant soit dans de bonnes conditions d'écoute, assis sur le conteur, ou en groupe autour de lui s'ils sont plusieurs enfants, sur le sol et dans le silence. Il est important d'observer le comportement de l'enfant pendant la lecture et d'apprécier ses réactions (plaisir ou angoisse). Il est important également de laisser un temps de récupération à la fin du conte avant de proposer une autre activité.

▶ **La musique :** *à écouter, à faire, servant de support à des activités corporelles*

- Tous les enfants aiment la musique. On peut même dire que l'enfant l'apprécie depuis la période fœtale. Tout petit, il est sensible aux chansons douces qui le calment, aux berceuses qui le sécurisent et l'accompagnent dans le sommeil. Plus grand, il aime les musiques servant de support à une activité (comme nous l'avons vu au point précédent). Rappelons ici qu'il est préférable de chanter, même faux, avec l'enfant plutôt que de lui proposer la musique sous forme de disque ou de cassette, car, lorsque l'adulte chante, il crée une proximité entre l'enfant et lui, qui permet un échange affectif réel.
- Chez le tout-petit, l'adulte peut jouer le rôle de partenaire de l'enfant. Pourquoi ne pas le prendre dans ses bras ou bien le tenir par les mains pour lui faire découvrir le plaisir de danser !
- Dès 15-18 mois, on peut proposer au petit enfant des activités musicales à l'aide d'instruments simples : tambour, tambourin, xylophone, triangles, clochettes, maracas, etc., à frapper ou à secouer. Mais il n'est pas nécessaire d'avoir chez soi des instruments spécifiques : on peut faire un très bon orchestre, bruyant certes, mais fort sympathique, avec du matériel de cuisine sans danger : casseroles, couvercles, fouets, cuillères de bois...

- Dès qu'il entend de la musique, l'enfant a envie de bouger. S'il est en présence d'autres enfants, on remarque qu'il se produit une sorte d'excitation entre eux : rires, applaudissements, sautillements, poursuites, quelquefois face-à-face puis corps à corps. Les enfants découvrent le plaisir de courir ensemble, de remuer, donc de danser entre eux.
- Les activités musicales et l'expression corporelle sont intéressantes car elles participent au développement psychomoteur de l'enfant. Elles affinent les sens (oreille, voix), elles permettent d'exercer des mouvements dans le temps (rythme), dans l'espace (déplacement), et d'acquérir la maîtrise gestuelle et la prise de conscience du schéma corporel. Elles participent à l'éducation à la sensibilité, à l'esthétisme et développent la créativité. Elles suscitent des relations avec les autres et permettent de s'intégrer dans un groupe.

STRUCTURES D'ÉVEIL

Comme on l'a déjà vu précédemment, vous pouvez vous faire aider dans votre rôle d'éducatrice en vous rendant avec l'enfant en garde dans une structure spécialisée. Rappelons leurs noms : halte-garderie, jardin d'enfants, jardin d'éveil, ludothèque, relais assistante maternelle (RAM)...

Il est vrai que l'implantation de ces diverses structures est très inégale selon les régions. Renseignez-vous pour connaître les possibilités locales auprès de votre mairie, de votre centre de PMI, de votre centre d'allocations familiales...

L'intérêt de ces structures porte sur deux points essentiels :

– elles permettent de trouver du matériel et du personnel formé aux activités d'éveil des jeunes enfants ;

– elles permettent une socialisation de l'enfant par la fréquentation de petits camarades de son âge, le préparant donc à la vie en collectivité.

Annexe

Décret n° 2006-464 du 20 avril 2006 relatif à la formation des assistants maternels

Le Premier ministre,

Sur le rapport du ministre de la santé et des solidarités et du ministre de l'éducation nationale, de l'enseignement supérieur et de la recherche,

Vu le code de l'action sociale et des familles, notamment son article L. 421-14 ;

Vu le code de la santé publique, notament son article L. 2112-3,

Décrète :

Art 1er. – La section 3 du chapitre Ier du titre II du livre IV du code de l'action sociale et des familles (dispositions réglementaires) est complétée, à compter du 1er janvier 2007, par neuf articles D. 421-27-1 à D. 421-27-9 ainsi rédigés :

« Art. D. 421-27-1. – La formation prévue à l'article L. 421-14, organisée et financée par le département, a une durée de cent vingt heures.

« Les soixante premières heures sont assurées dans un délai de six mois à compter de la demande d'agrément de l'assistant maternel et avant tout accueil d'enfant par celui-ci.

« La durée de formation restant à effectuer est assurée dans un délai de deux ans à compter du début de l'accueil du premier enfant par l'assistant maternel.

« Toutefois, le délai prévu au deuxième alinéa est, pour les assistants maternels agrées avant le 1er janvier 2009, de neuf mois à compter de leur demande d'agrément. Pour les assistants maternels agréés à compter du 1er janvier 2009, ce délai peut être porté à huit mois pour les départements qui justifient, au cours de l'année qui précède la date de l'agrément, d'un nombre de nouveaux assistants maternels agréés au cours de cette même année inferieur à cent.

« Art. D. 421-27-2. – L'assistant maternel agréé est autoriser à accueillir un enfant dès la délivrance par l'organisme de formation ou le conseil général mentionnés à l'article D. 421-27-7 d'une attestation de suivi de la première partie de la formation prévue à l'article L.421-14.

« Art. D. 421-27-3. – La formation prévue à l'article L. 421-14 permet aux assistants maternels, en s'appuyant sur leur expérience personnelle et professionnelle, notamment auprès des enfants, d'acquérir les compétences suivantes :

« 1° Identifier les besoins des enfants ;

« 2° Installer et sécuriser des espaces de vie des enfants ;

« 3° Assurer les soins d'hygiène corporelle et le confort des enfants ;

« 4° Contribuer au développement et à la socialisation des enfants ;

« 5° Organiser les activités des enfants ;

« 6° Établir des relations professionnelles ;

« 7° S'adapter à une situation non prévue.

« Art. D. 421-27-4. – La formation prévue à l'article L. 421-14 permet en outre l'amélioration des connaissances des assistants maternels dans les domaines suivants :

« 1° Les besoins et les facteurs de développement de l'enfant ;

« 2° Les troubles et les maladies courantes de l'enfant ;

« 3° Le cadre juridique et institutionnel de l'enfant et de la famille, notamment en matière d'accueil individuel de l'enfant ;

« 4° La communication appliquée au secteur professionnel ;

« 5° L'organisation générale du corps humain et ses fonctions ;

« 6° La nutrition et l'alimentation ;

« 7° La qualité de vie dans le logement et la prévention des accidents domestiques.

« Art. D. 421-27-5. – Les compétences et connaissances mentionnées aux articles D. 421-27-3 et D.421-27-4 sont précisées par un arrêté des ministres chargés de la famille et de l'éducation.

« Art. D. 421-27-6. – Sont dispensés de suivre la formation prévue à l'article L. 421-14 :

« 1° Les assistant familiaux ayant suivi la formation prévue à l'article L. 421-15 ;

« 2° Les assistants maternels titulaires du diplôme professionnel d'auxiliaire de puéricultrice, du certificat d'aptitude professionnelle petite enfance, ou de tout autre diplôme intervenant dans le domaine de la petite enfance homologué ou inscrit au répertoire national des certifications professionnelles au moins au niveau III.

« Art. D. 421-27-7. - La mise en œuvre de la formation prévue à l'article L.421-14 peut être assurée directement par le conseil général, ou un établissement de formation avec lequel le conseil général passe convention, ou selon ces deux modalités.

« Le conseil général ou l'établissement de formation doit réunir les conditions suivantes :

« 1° Définir un projet de formation détaillant les objectifs de formation, le contenu des modules ou unités horaires et les outils pédagogiques ; les modules ou unités horaires doivent être équilibrés entre eux et conformes aux dispositions des articles D. 421-3 et D. 421-4 ; les modalités pédagogiques et les qualifications des formateurs doivent permettre que la formation soit dispensée en s'appuyant sur la pratique professionnelle des stagiaires ;

« 2° Disposer d'un responsable pédagogique titulaire :

« a) Soit d'un diplôme ou d'un titre homologué ou enregistré au répertoire national des certifications professionnelles au moins au niveau II ou d'un titre autorisant l'accès au troisième cycle de l'enseignement supérieur ;

«b) Soit d'un diplôme au moins de niveau III du secteur sanitaire et social ; dans ce cas, le responsable pédagogique doit avoir suivi une formation de formateur d'adultes d'au moins 300 heures.

« Le responsable doit en outre avoir une expérience professionnelle de trois ans en matière d'accueil ou de prise en charge de la petite enfance ;

« 3° Disposer de formateurs ayant une qualifiquation adaptée au contenu de la formation proposée, reconnue par un diplôme, et n'exerçant aucune fonction d'agrément, de contrôle et de suivi des assistants maternels dont ils assurent la formation ;

« 4° Prévoir l'accompagnement de chaque groupe de stagiaires par un formateur permanent pendant toute la durée de la formation assurée par l'organisme ;

« 5° Etablir un règlement interieur applicable aux stagiaires.

« Les établissements publics locaux d'enseignement, les établissements d'enseignements privés sous contrat et les centres de formation d'apprentis habilités ne sont pas soumis aux dispositions relatives à l'expérience professionnelle mentionnées dans la dernière phrase du 2° du présent article.

«Art. D. 421-27-8 - La convention mentionnée au premier alinéa de l'article D. 421-27-7 précise notamment :

« 1° Les statuts de l'oganisme ;

« 2° Le projet de formation détaillant les objectifs de formation, le contenu des modules ou unités horaires, les outils pédagogiques ;

« 3° Le nombre de personnes à former ;

« 4° Les modalités de formation ;

« 5° Les moyens pédagogiques et techniques mis en œuvre par l'établissement de formation ;

« 6° Les diplômes, qualifications et expériences professionnelles des formateurs et des personnels d'encadrement et la relation entre ces diplômes, qualifications et expériences de la formation dispensée ;

« 7° Les modalités d'encadrement et d'évaluation de la formation auprès des stagiaires ;

« 8° Le coût prévisionnel de la formation par heure/stagiaire et par groupe ;

« 9° Les modalités d'accompagnement des stagiaires pour la validation de leur formation.

« Art. D. 421-27-9. - L'organisme de formation ou le président du conseil général du département ayant assuré la formation adresse à l'assistant maternel l'attestation de suivi, dans les conditions fixées par la présente section, de la formation prévue à l'article L. 421-14 et, le cas échéant, l'évaluation des stages effectués dans ce cadre.

« L'assistant maternel subit à l'issue de la formation une épreuve dans des conditions fixées par arrêté des ministres chargés de la famille et de l'éducation.»

Art. 2. – Les dispositions des articles D. 421-27-1 à D. 421-27-9 sont applicables aux assistants maternels agréés à compter du 1er janvier 2007.

Art. 3. – La section 3 du chapitre II du titre Ier du livre Ier de la deuxième partie du code de la santé publique (dispositions réglementaires) est abrogée.

Art. 4. – Les assistants maternels agrées à titre permanent ayant suivi la formation de 120 heures prévue par l'article L. 773-17 du code du travail dans sa rédaction antérieure à la loi n° 2005-706 du 27 juin 2005 relative aux assistants maternels et aux assistants familiaux, agréés comme assistants maternels, sont dispensés de suivre la formation prévue à l'article L. 421-14 du code de l'action sociale et des familles.

Art. 5. – L'article D. 421-27 du code de l'action sociale et des familles est complété par l'alinéa suivant :

« La rémunération prévue au premier alinéa de l'article L. 421-15 ne peut être inferieur à 50 fois le salaire minimum de croissance par mois.»

Art. 6. – Le ministre de l'emploi, de la cohésion sociale et du logement, de l'économie, des finances et de l'industrie, le ministre de l'éducation nationale, de l'enseignement supérieur et de la recherche, le ministre de la santé et des solidarités, le ministre délégué au budget et à la réforme de l'État, porte-parole du

Gouvernement, la ministre déléguée à la cohésion sociale et à la parité et le ministre délégué à la sécurité sociale, aux personnes âgées, aux personnes handicapées et à la famille sont chargés, chacun en ce qui le concerne, de l'exécution du présent décret, qui sera publié au Journal officiel de la République française.

Fait à Paris, le 20 avril 2006.

Par le Premier ministre : Dominique DE VILLEPIN

Le ministre de la santé
et des solidarités,
Xavier BERTRAND

Le ministre de l'emploi,
de la cohésion sociale
et du logement,
Jean-Louis BORLOO

Le ministre de l'économie,
des finances et de l'industrie,
Thierry BRETON

Le ministre de l'éducation nationale,
de l'enseignement supérieur
et de la recherche,
Gilles DE ROBIEN

Le ministre délégué au budget
et à la réforme de l'État,
porte-parole du gouvernement,
Jean-François COPÉ

La ministre déléguée
à la cohésion sociale et à la parité,
Catherine VAUTRIN

Le ministre délégué à la sécurité
sociale, aux personnes âgées,
aux personnes handicapées
et à la famille,
Philippe BAS